Lecciones de Octubre

LEÓN TROTSKY

Lecciones de Octubre

LEÓN TROTSKY

Lecciones de Octubre
León Trotsky

© Fundación Federico Engels
Primera edición: 2025

ISBN: 978-84-16285-88-4
DL: M-15412-2025

Publicado y distribuido por la Fundación Federico Engels
C/ Hermanos del Moral 33, bajo. 28019 Madrid
www.fundacionfedericoengels.net
libreria@fundacionfedericoengels.net

Índice

Nota de los Editores

Lecciones de Octubre fue escrito por León Trotsky en septiembre de 1924 como prólogo a la edición rusa de sus artículos del primer año de la revolución, publicado con el título *1917*.

Este texto pasó a la posteridad por una razón de peso. Trotsky, sacando las conclusiones del fracaso de la revolución alemana de 1923, realizó una amplia incursión en los hechos que llevaron a los bolcheviques al poder, desgranando detalladamente la batalla ideológica que Lenin libró contra las políticas conciliadoras de Stalin, Kámenev y otros «viejos bolcheviques» en la primera etapa de la revolución.

Es ampliamente conocido que el líder bolchevique propuso una audaz reorientación política en sus célebres *Tesis de Abril*. Aprobadas en una conferencia especial del partido, las tesis se convirtieron en el programa de la revolución socialista que los bolcheviques popularizaron entre millones de soldados, obreros y campesinos.

Pero Lenin todavía tuvo que sortear numerosas vacilaciones e incluso una oposición encarnizada entre algunos de sus más estrechos colaboradores, completamente reacios a seguir sus llamamientos a la insurrección y la toma del poder.

Lecciones de Octubre también representa una respuesta argumentada a la campaña de distorsiones y falsificaciones lanzada por la troika Stalin-Zinóviev-Kámenev, que dirigió el partido tras la muerte de Lenin. Esta obra junto a la famosa declaración de 46 dirigentes bolcheviques hecha pública un año antes, en la que se denunciaba la asfixia burocrática impuesta por Stalin y la necesidad de defender los fundamentos de la democracia obrera leninista, constituyeron un *corpus* político inicial sobre el que se agrupó la Oposición de Izquierda.

La Oposición de Izquierda, o bolcheviques-leninistas como se autodenominaban sus partidarios, actuó dentro del PCUS hasta bien entrados los años treinta enarbolando el programa del internacionalismo proletario leninista frente al avance de la gangrena burocrática en el partido y en el Estado obrero. Trotsky fue su más importante dirigente y teórico.

Posteriormente a la publicación de *Lecciones de Octubre*, concretamente en 1925, cuando Zinóviev rompió con Stalin por la teoría del «socialismo en un solo país», el primero admitió que, como parte de las maniobras por hacerse con el control del aparato, sugirió que se vincularan las diferencias políticas que se ventilaban en aquel momento con las discrepancias que Lenin y Trotsky mantuvieron en 1903.

Estas diferencias, que habían quedado completamente zanjadas en 1917, se convirtieron en el recurso infame para tejer una amalgama sin principios y así descalificar a la oposición. Un método que habría sido imposible de utilizar en vida de Lenin.

Zinóviev y Kámenev propusieron incluso que Trotsky fuera expulsado del partido, pero Stalin, actuando entonces con suma cautela, vetó la idea por temor a provocar una rebelión interna. No hay que olvidar que León Trotsky todavía figuraba al frente del Ejército Rojo y gozaba de una enorme popularidad.

En cualquier caso, la troika fabricó la leyenda del «trotskismo», que se convirtió años después en sinónimo del más terrible de los crímenes. Bajo ese epíteto, al que se añadió posteriormente el de «enemigo del pueblo», Stalin y la burocracia expulsaron a decenas de miles de militantes del partido, fusilaron a los compañeros de Lenin que dirigieron el triunfo revolucionario y condenaron a miles de bolcheviques de la Oposición de Izquierda a una muerte segura en los campos de concentración de Vorkutá y Kolimá.

Estas páginas, llenas de maestría y profundidad dialéctica, no solo abrirán nuevas perspectivas a los jóvenes revolucionarios que se acercan con entusiasmo a las ideas del comunismo, también volverán a recordar a los más veteranos el programa político con el que los obreros de Rusia tomaron el cielo por asalto.

Lecciones de Octubre

LEÓN TROTSKY

Debemos estudiar la Revolución de Octubre

Si bien la suerte nos acompañó en la Revolución de Octubre, no ha sido así en lo que respecta a la literatura sobre ella. Todavía no poseemos una sola obra que ofrezca un cuadro general de la revolución resaltando sus momentos culminantes desde el punto de vista político y organizativo. Aún más, hasta el momento no se han editado los materiales que caracterizan sus diferentes fases preparatorias y la revolución misma. Publicamos muchos documentos y materiales sobre la historia de la revolución y del partido antes y después de Octubre; pero se consagra mucha menos atención al propio Octubre. Llevada a cabo ya la insurrección, parece que hemos decidido no tener que repetirla. Se puede decir que del estudio de Octubre, de las condiciones de su preparación inmediata, de su realización y de las primeras semanas de su consolidación no esperamos una utilidad directa para las tareas urgentes de la organización ulterior.

No obstante, una apreciación así, aun siendo inconsciente en parte, es profundamente errónea y denota, además, cierto carácter de estrechez nacionalista. Que no tengamos que repetir la experiencia de la Revolución de Octubre no significa que no deba servirnos de enseñanza. *Constituimos una fracción de la Internacional, mientras el proletariado de los demás países ha de resolver aún su problema de Octubre.* Y, en el transcurso del año pasado, hemos tenido pruebas harto convincentes de que los partidos comunistas más avanzados de Occidente no solo no han sabido asimilar nuestra experiencia, sino que ni siquiera la conocen desde el punto de vista de los hechos.

Claro está que cabe la observación de que es imposible estudiar Octubre e incluso editar los materiales referentes al caso sin volver a poner sobre el tapete las antiguas divergencias; pero semejante manera de abordar la cuestión resultaría demasiado miserable. Evidentemente, los desacuerdos de 1917 eran muy profundos y estaban muy lejos de ser fortuitos; sin embargo, resultaría muy mezquino tratar de convertirlos ahora en un arma de combate contra los que se equivocaron entonces. Con todo, resultaría aun más inadmisible que, por consideraciones de orden personal, calláramos acerca de los problemas capitales de la Revolución de Octubre, que revisten importancia internacional.

El año pasado sufrimos dos penosas derrotas en Bulgaria.[1] Primero, por consideraciones doctrinales fatalistas, el partido comunista búlgaro desperdició el momento excepcionalmente propicio para una acción revolucionaria (el levantamiento de los campesinos después del golpe de fuerza de junio de Zankov). Luego, intentando reparar su error, se lanzó a la insurrección de septiembre sin haber preparado las premisas políticas y organizativas. La revolución búlgara tenía que servir de introducción a la revolución

---

1 En junio de 1923, el Gobierno búlgaro del dirigente campesino Stambulisky fue derrocado militarmente por fuerzas reaccionarias encabezadas por Zankov, posteriormente jefe del fascismo búlgaro. Caracterizando la situación como una lucha entre camarillas burguesas y olvidando tanto el problema campesino como el nacional (la minoría macedonia), el Partido Comunista se declaró neutral. Una vez triunfante, el régimen de Zankov sometió al Partido Comunista Búlgaro a una feroz persecución, declarándolo ilegal. Kolarov, representante de los comunistas búlgaros en Moscú, negó, sin embargo, que el partido hubiese sufrido una derrota. En septiembre del mismo año, sin entender el cambio producido en la situación como resultado de su pasividad en junio, los comunistas trataron de reivindicarse con un *putsch* aventurero. Naturalmente, fracasó por completo.

alemana. Por desgracia, este deplorable preludio ha tenido un desarrollo todavía peor en Alemania.[2] Durante el segundo semestre del año observamos en dicho país una demostración clásica de la manera en que puede desaprovecharse una situación revolucionaria excepcional y de una trascendencia histórica mundial.

Tampoco han sido objeto de una apreciación lo bastante completa y concreta las experiencias búlgara y alemana. El autor de estas líneas elaboró ese mismo año un esquema del desarrollo de los acontecimientos alemanes. (Véanse en el folleto *Oriente y Occidente* los capítulos titulados «En un viraje» y «La etapa por que atravesamos»). Los sucesos posteriores han confirmado enteramente dicho esquema. Al menos nadie ha tratado de dar otra explicación. Pero no basta con un esquema; necesitamos un cuadro completo del desarrollo de los acontecimientos de ese año en Alemania, apoyándonos en todos los hechos, un cuadro que esclarezca las causas de esta penosa derrota.

---

2 Trotsky hace referencia al fracaso de la revolución alemana en 1923. Como consecuencia de las cargas imperialistas y de la ocupación de la cuenca del Ruhr por el ejército francés, estalló una nueva crisis revolucionaria. La respuesta de los trabajadores alemanes fue contundente: se organizaron grandes huelgas de masas y un potente movimiento de delegados de fábricas emergió. Los obreros alemanes giraron hacia los comunistas, que ganaron la mayoría en numerosos sindicatos. También se empezaron a formar brigadas armadas. El Partido Socialdemócrata estaba desorientado y la burguesía profundamente dividida. Era el momento de una estrategia clara para tomar el poder. Pero cuando se requería la iniciativa y la decisión práctica de la dirección revolucionaria para empujar el movimiento hacia la victoria, el Partido Comunista Alemán (KPD) se mostró incapaz de asumir sus tareas. En lugar de conquistar —mediante una política enérgica— a la base descontenta de la socialdemocracia, que miraba con extraordinaria simpatía hacia los comunistas, la dirección del KPD vaciló agarrándose a la táctica de Frente Único de una manera formal, sin comprender que en ese momento las circunstancias habían variado rápidamente y era necesario pasar a la ofensiva. Por su parte, los consejos de los dirigentes de la Tercera Internacional implicados en el seguimiento de los acontecimientos en Alemania, Stalin y Zinóviev, a favor de parar la acción revolucionaria fueron completamente desastrosos: los trabajadores alemanes sufrieron la tercera derrota en tan solo cinco años.

Es difícil, no obstante, pensar en un análisis de los acontecimientos de Bulgaria y Alemania cuando aún no hemos trazado un cuadro político de la Revolución de Octubre. Todavía no nos hemos dado cuenta de forma exacta de lo que hemos hecho y de cómo lo hemos hecho. Después de Octubre, parecía que los acontecimientos se desarrollarían en Europa por sí solos y con tal rapidez que no nos dejarían siquiera tiempo para asimilar teóricamente las lecciones de entonces. Pero ha quedado demostrado que, sin un partido capaz de dirigir la revolución proletaria, esta se torna imposible. El proletariado no puede apoderarse del poder mediante una insurrección espontánea. Incluso en un país tan culto y tan desarrollado desde el punto de vista industrial como Alemania, la insurrección espontánea de los trabajadores en noviembre de 1918 no hizo sino transmitir el poder a manos de la burguesía. Una clase explotadora se encuentra capacitada para arrebatárselo a otra clase explotadora apoyándose en sus riquezas, en su «cultura», en sus innumerables conexiones con el viejo aparato estatal. Sin embargo, cuando se trata del proletariado, no hay nada capaz de reemplazar al partido. El verdadero periodo de organización de los partidos comunistas empezó a mediados de 1921 («lucha por las masas», «frente único», etc.).[3] Entonces quedaron relegadas a segundo plano las tareas de Octubre, así como su estudio.

---

3 El III Congreso de la Internacional Comunista se celebró en junio de 1921. Como resultado de la profunda discusión sobre la *acción de marzo* del Partido Comunista Alemán, el congreso adoptó finalmente la siguiente consigna: «Hacia el poder a través de la conquista previa de las masas», sentando las bases de la política de frente único. Esta posición se adoptó con el apoyo de Lenin y Trotsky, y contra la opinión de los elementos ultraizquierdistas y *putschistas*. La justificación de la *acción de marzo* de 1921, conocida como *teoría de la ofensiva*, era «electrizar» a las masas pasivas mediante la acción de una minoría insurrecta. Las masas socialdemócratas se mostraron hostiles o indiferentes a la insurrección y esta fue vencida militarmente, aislada como un levantamiento armado de la vanguardia obrera de Hamburgo.

El año pasado ha vuelto a enfrentarnos con las tareas de la revolución proletaria. Ya es hora de reunir todos los documentos, de editar todos los materiales y de proceder a su estudio.

Sabemos con certeza que cualquier pueblo, cualquier clase y hasta cualquier partido se instruyen principalmente por su propia experiencia; pero ello no significa en modo alguno que sea de poco valor la experiencia de los demás países, clases y partidos. Sin el estudio de la gran Revolución Francesa, de la revolución de 1848 y de la Comuna de París, jamás hubiéramos llevado a cabo la revolución de Octubre, aun mediando la experiencia de 1905.[4] En efecto, hicimos esta experiencia apoyándonos en las enseñanzas de las revoluciones anteriores y continuando su línea histórica. Se invirtió todo el periodo de la contrarrevolución en el estudio de las lecciones de 1905; pero respecto al estudio de la revolución victoriosa de 1917 no hemos realizado la décima parte del trabajo que realizamos para el de aquella. Y eso que no vivimos en un periodo de reacción ni en la emigración. Muy al contrario, las fuerzas y medios de los que disponemos en la actualidad no se pueden comparar con los de aquellos penosos años. Hay que poner en el orden del día, en el partido y en toda la Internacional, el estudio de la Revolución de Octubre. Es

---

4 La Revolución de 1905 fueron la consecuencia inmediata de la derrota de Rusia en la guerra con Japón (1904-1905), que desgastó gravemente a la autocracia. En el primer año de guerra hubo 25.000 huelguistas, pero, en 1905, una ola de huelgas políticas y económicas elevó este número a 2.863.000. Estallaron levantamientos de los campesinos para apoderarse de la tierra. Aprovechando el movimiento de las masas, la burguesía liberal exigió que la monarquía concediera un gobierno constitucional. Los trabajadores se organizaron independientemente de la burguesía en los sóviets, que se transformaron en instrumentos de la huelga general y en órganos del poder obrero. En cierta etapa de los acontecimientos, los sóviets amenazaron directamente el poder de la monarquía. Cuando los liberales verificaron que el zarismo estaba demasiado débil y que la lucha revolucionaria llevaría a su destrucción, traicionaron al movimiento facilitando así a la monarquía la liquidación sangrienta de la revolución.

preciso que todo nuestro partido, y en particular las juventudes, estudien minuciosamente tal experiencia, que ha corroborado de manera incontestable nuestro pasado y abierto un espacioso horizonte al porvenir. La lección alemana del año pasado no solo es un serio aviso, sino también una amenazadora advertencia.

Es verdad que se puede afirmar que un conocimiento más concienzudo del desarrollo de la Revolución de Octubre no hubiera implicado una garantía de triunfo para nuestro partido alemán. Cierto que el estudio aislado de la Revolución de Octubre es insuficiente para darnos la victoria en los demás países; pero a veces existen situaciones con todas las premisas de la revolución, salvo una dirección del partido resuelta y clarividente, basada en la comprensión de las leyes y los métodos de la revolución misma. Tal era, precisamente, la situación en Alemania el año pasado, y puede repetirse en otros países.

Ahora bien; para el estudio de las leyes y los métodos de la revolución proletaria, no hay hasta hoy ninguna fuente más importante que nuestra experiencia de Octubre. Los dirigentes de los partidos comunistas europeos que no realicen un estudio crítico, con todos sus pormenores, de la historia de esta revolución, se asemejarían al general que, en el momento de prepararse para nuevas guerras, no estudiara la experiencia estratégica, la táctica y la técnica de la última guerra imperialista. Dicho general condenaría a la derrota sus ejércitos.

El partido es el instrumento esencial de la revolución proletaria. Nuestra experiencia de un año (de febrero de 1917 a febrero de 1918) y las complementarias de Finlandia, Hungría, Bulgaria, Italia y Alemania, casi nos permiten enunciar como ley la inevitable crisis dentro del partido cuando se pasa del trabajo de preparación revolucionaria a la lucha directa por el poder.

En general, las crisis dentro del partido surgen en cada viraje importante, como preludio o consecuencia suya.

La razón de ello estriba en que cada periodo del desarrollo del partido tiene sus características especiales y reclama determinados hábitos y métodos, emanando de ahí el origen directo de choques y crisis. Lenin escribía en julio de 1917:

> Cuando la historia da un giro brusco, ocurre con mucha frecuencia que hasta los partidos más a la vanguardia necesitan de un periodo más o menos largo para adaptarse a la nueva situación y repitan consignas que, si bien ayer eran correctas, ahora han perdido todo su sentido tan «súbitamente» como «súbito» es el giro brusco de la historia.[5]

De donde se deduce un peligro: si el viraje ha sido demasiado brusco o inesperado, y si el periodo anterior ha acumulado excesivos elementos de inercia y de conservadurismo en los órganos dirigentes del partido, este se muestra incapaz de ejercer el liderazgo en el momento más crucial, para el cual se había preparado durante varios años o décadas. Lo corroe la crisis y el movimiento se efectúa sin finalidad, predestinado a la derrota.

Un partido revolucionario está sometido a la presión de diferentes fuerzas políticas. En cada periodo de su desarrollo elabora los medios para resistirlas y rechazarlas. En los virajes tácticos que comportan reagrupamientos y roces interiores disminuye su fuerza de resistencia. De ahí la posibilidad constante de que los agrupamientos internos engendrados por la necesidad del viraje táctico se desarrollen considerablemente y lleguen a ser la base de diferentes tendencias de clase. En resumen, un partido desvinculado de las tareas históricas de su clase se convierte o corre el riesgo de convertirse en instrumento indirecto de las demás.

---

5 V. I. Lenin, *A propósito de las consignas.* Incluido en 1917. *Escritos en revolución.* Fundación Federico Engels, 2022, volumen 2, p.407.

Si la observación que acabamos de hacer es justa respecto a cada viraje táctico importante, con mayor razón lo será respecto a los grandes virajes estratégicos. Entendemos por táctica en política —por analogía con la ciencia bélica— el arte de conducir las operaciones aisladas; por estrategia, el arte de vencer, es decir, de apoderarse del mando. Antes de la guerra, en la época de la Segunda Internacional, no hacíamos estos distingos; nos limitábamos al concepto de la táctica socialdemócrata. Y no obedece al azar nuestra actitud. La socialdemocracia tenía una táctica parlamentaria, sindical, municipal, cooperativa, etcétera. En la época de la Segunda Internacional no se planteaba la cuestión de la combinación de todas las fuerzas y los recursos, de todas las armas, para obtener la victoria sobre el enemigo, porque esta no se asignaba de forma práctica la misión de luchar por el poder. La revolución de 1905, después de un largo intervalo, renovó las cuestiones esenciales, las cuestiones estratégicas de la lucha proletaria. De este modo aseguró inmensas ventajas a los revolucionarios socialdemócratas rusos, es decir, a los bolcheviques.

La gran época de la estrategia revolucionaria comienza en 1917, primero en Rusia y después en toda Europa. Es evidente que la estrategia no impide la táctica. Las cuestiones del movimiento sindical, de la actividad parlamentaria, etcétera, no desaparecen de nuestro campo visual, sino que adquieren una nueva importancia como métodos subordinados de la lucha combinada por el poder. La táctica se subordina a la estrategia.

Si los virajes tácticos habitualmente engendran en el partido roces internos, con mayor razón los estratégicos deben de provocar trastornos mucho más profundos. Y el viraje más brusco es aquel en que el partido del proletariado pasa de la preparación, de la propaganda, de la organización y de la agitación a la lucha directa por el poder, a la insurrección armada contra la burguesía. Todo lo que dentro del partido hay de irresoluto, de escéptico, de conciliador, de capitulador, se yergue contra la insurrección, busca la oposición de fórmulas teóricas y las encuentra prontas en sus adversarios de ayer, los oportunistas. Más adelante observaremos varias veces este fenómeno.

En el periodo de febrero a octubre, al efectuar un largo trabajo de agitación y de organización entre las masas, el partido hizo un último examen, una selección final de sus armas, antes de la batalla decisiva. Durante Octubre y después, se comprobó la importancia de tales armas en una operación de gran envergadura. Ocuparse ahora de apreciar los diferentes puntos de vista sobre la revolución en general, y sobre la Revolución rusa en particular, pasando por alto la experiencia de 1917, supondría entregarse a una escolástica estéril en vez de emprender un análisis político marxista. Actuaríamos igual que individuos que discuten sobre las ventajas de los distintos estilos de natación, negándose obstinadamente a observar el río donde los nadadores los emplearán. No hay mejor prueba de los puntos de vista revolucionarios que la aplicación de ellos durante la revolución, así como la natación se comprueba mejor cuando el nadador se arroja al agua.

«La dictadura democrática de obreros y campesinos»

Con su desarrollo y su resultado la revolución de Octubre asestó un golpe formidable a la parodia escolástica del marxismo que se había extendido considerablemente en los medios socialdemócratas rusos, comenzando por el Grupo de Emancipación del Trabajo,[6] que había encontrado su expresión más completa en los mencheviques.[7] Este seudomarxismo consistía esencialmente en transformar el pensamiento condicional y limitado de Marx —«los países avanzados muestran a los atrasados la imagen de su desarrollo

---

6 El Grupo de Emancipación del Trabajo fue fundado por Plejánov, Axelrod, Vera Zasúlich, Deutsch e Ignatov, exiliados rusos en Suiza, después de su ruptura con los narodniki en 1883. Fue la primera organización socialdemócrata rusa y se disolvió al fundarse el Partido Obrero Socialdemócrata de Rusia (POSDR).

7 Los mencheviques eran la tendencia minoritaria surgida en el Congreso de 1903 del POSDR, en contraposición a la mayoría bolchevique. Vinculados ideológicamente a los dirigentes reformistas de la Segunda Internacional, defendían la inevitabilidad de un largo periodo de dominio capitalista en Rusia antes de que el proletariado pudiera plantearse la toma del poder. Según ellos, las contradicciones entre la burguesía y la autocracia zarista llevarían a la realización de una revolución democrático-burguesa clásica, y el papel del partido obrero sería subordinarse a la burguesía, asegurando la liquidación del zarismo y los vestigios del viejo régimen feudal, y convirtiéndose en la oposición política dentro de la república democrática. Esta posición se puso en evidencia durante la Revolución rusa, cuando los capitalistas mostraron su incapacidad para resolver las tareas democráticas, y los mencheviques se convirtieron en uno de los principales apoyos del Gobierno Provisional, oponiéndose abiertamente a la insurrección de Octubre.

futuro»— en una ley absoluta, suprahistórica, sobre la cual se esforzaban en cimentar la táctica del partido de la clase obrera. Naturalmente, con esa teoría se descartaba la cuestión de la lucha del proletariado ruso por el poder, mientras no hubieran dado el ejemplo y creado de algún modo un «precedente» los países más desarrollados desde el punto de vista económico.

No cabe duda de que todo país atrasado encuentra algunos rasgos de su porvenir en la historia de los países avanzados; pero ni por asomo se presupone una repetición general del desarrollo de los sucesos. Por el contrario, cuanto mayor sea el carácter mundial que revista la economía capitalista, mayor será el carácter especial que adquirirá la evolución de los países atrasados, donde los elementos de atraso se combinan con los elementos más modernos del capitalismo.[8]

En el prefacio de *La guerra campesina* Engels escribió:

> En determinada etapa —que no llega necesariamente en todas partes al mismo tiempo o en un grado idéntico de desarrollo— la burguesía empieza a notar que su compañero, el proletariado, la supera.

La evolución histórica obligó a la burguesía rusa a hacer esta comprobación más pronto y de un modo más completo que a cualquier otra. Ya a principios de 1905 había

---

8 «Las leyes de la historia no tienen nada de común con el esquematismo pedante. El desarrollo desigual, que es la ley más general del proceso histórico, no se nos revela en parte alguna con la evidencia y la complejidad con que lo patentiza el destino de los países atrasados. Azotados por el látigo de las necesidades materiales, los países atrasados se ven obligados a avanzar a saltos. De esta ley universal del desarrollo desigual de la cultura se deriva otra que, a falta de nombre más adecuado, calificaremos de *ley del desarrollo combinado,* aludiendo a la aproximación de las distintas etapas del camino, a la combinación de las distintas fases y a la amalgama de formas arcaicas y modernas» (Trotsky, *Historia de la Revolución rusa.* Fundación Federico Engels, tomo 1, p. 27).

expresado Lenin el carácter especial de la Revolución rusa en la fórmula «dictadura democrática de obreros y campesinos». Por sí misma, y así lo demostró el curso ulterior de los sucesos, esta fórmula no podía tener importancia sino como etapa hacia la dictadura socialista del proletariado con el apoyo de los campesinos.

Enteramente revolucionario y profundamente dinámico, el planteamiento de la cuestión por Lenin era radicalmente opuesto al sistema menchevique, según el cual Rusia solo podía pretender repetir la historia de los pueblos avanzados, es decir, la burguesía en el poder y la socialdemocracia en la oposición. No obstante, en la fórmula de Lenin ciertos círculos de nuestro partido no acentuaban la palabra «dictadura», sino la palabra «democrática» para oponerla a la palabra «socialista». Eso significaba que en Rusia, un país atrasado, solo se podía concebir la revolución democrática. La revolución socialista debía comenzar en Occidente y solo podíamos encauzarnos en la corriente del socialismo siguiendo a Inglaterra, Francia y Alemania. Pero este punto de vista derivaba de modo inevitable hacia el menchevismo, y esto apareció con claridad en 1917, cuando las tareas de la revolución se plantearon, no como cuestiones de pronóstico, sino como cuestiones de acción.

En las condiciones de la revolución, querer realizar la democracia total «contra» el socialismo —considerado prematuro— equivalía, políticamente, a derivar la posición proletaria a la posición de la pequeña burguesía, a convertirse en el ala izquierda de la revolución nacional.

Considerada en sí misma, la Revolución de Febrero era esencialmente burguesa, había llegado demasiado tarde y no poseía por sí misma ningún elemento de estabilidad. Desgarrada por contradicciones que se manifestaron desde un principio en la dualidad de poder,[9] debía transformarse

---

9   Observaciones de Lenin sobre el doble poder: «La cuestión fundamental en toda revolución es la del poder estatal. Mientras no se comprenda bien

o bien en la introducción directa a la revolución proletaria —lo cual aconteció— o arrojar a Rusia, bajo un régimen de la oligarquía burguesa, a un estado semicolonial.

Por consiguiente, podía estimarse el periodo consecutivo a la revolución de Febrero, como de consolidación, de desarrollo o de remate de la revolución democrática, o como un periodo preparatorio de la revolución proletaria. Adoptaban el primer punto de vista, además de los mencheviques y los eseristas,[10] cierto número de dirigentes bolcheviques, quienes se distinguían de aquellos, sin embargo, por el empeño que ponían en arrojar a Rusia a la izquierda de

---

esto, nadie puede pretender participar inteligentemente en la revolución y mucho menos dirigirla (...). ¿Qué es la dualidad de poderes? Consiste en el hecho de que al lado del Gobierno Provisional, del gobierno de la burguesía, se ha desarrollado otro, aún débil, embrionario, pero indudablemente un gobierno real y que crece: el Sóviets de Diputados Obreros y Soldados (...). Este poder es del tipo de la Comuna de París, de 1871. Las características fundamentales de este tipo de poder son: 1) su origen no está en las leyes previamente consideradas y aprobadas por el parlamento, sino en la iniciativa directa de las masas, en la *toma* directa del poder, para usar una expresión popular; 2) en lugar de la policía y del ejército, instituciones separadas del pueblo y opuestas al pueblo, existe el armamento directo del pueblo entero; el orden gubernamental está asegurado así por los propios obreros y campesinos armados, por el propio pueblo armado; 3) la burocracia oficial también es desplazada por el gobierno directo del pueblo, o, al menos, puesta bajo control especial; no solamente se convierten en funcionarios elegidos por el pueblo, sino que están sometidos a la confirmación por el pueblo, son reducidos a la categoría de representantes directos; de capa privilegiada, con suculentos ingresos, se transforman en obreros cualificados que manejan ciertas *herramientas,* recibiendo salarios que no exceden del que perciben los obreros cualificados comunes» (*Pravda,* núm. 28, 9 de abril de 1917).

10 Miembros del Partido Social-Revolucionario, también conocidos como socialrevolucionarios, que tenía sus antecedentes en los *narodniki.* Su programa llamaba a la «constitución de un Gobierno popular libre, nacionalización de la tierra y nacionalización de todas las grandes industrias». Su diversidad ideológica interna era un reflejo de la enorme heterogeneidad del campesinado y de su falta de independencia política. El sector de derechas, mayoritario, se convirtió en el perro faldero de la burguesía, participando en el Gobierno Provisional. El ala izquierda se escindió y participó con los bolcheviques en el gobierno soviético surgido de Octubre hasta la firma de la paz de Brest-Litovsk, que los llevó a pasar a la oposición.

la revolución democrática. Pero, el fundamento de su método era el mismo: «ejercer presión» sobre la burguesía dominante, «presión» que no rompiera el molde del régimen democrático burgués. Si hubiera triunfado esta política, el desarrollo de la revolución se habría efectuado fuera de nuestro partido, y a la postre hubiéramos tenido una insurrección de las masas obreras y campesinas no dirigidas por el partido, unas Jornadas de Julio[11] a gran escala, es decir, una verdadera catástrofe. Es evidente que la consecuencia inmediata de esta catástrofe hubiera sido la destrucción del partido. Ello demuestra lo profundo de las divergencias que existían entonces.

La influencia de los mencheviques y los eseristas durante el primer periodo de la revolución no era, por supuesto, casual: representaba la fuerte proporción de la pequeña burguesía y ante todo de las masas campesinas en la población rusa, amén de la falta de madurez de la revolución. Precisamente este estado prematuro en las condiciones especiales creadas por la guerra, dejó a los revolucionarios de la pequeña burguesía —defensores de los derechos históricos de esta en el poder— la posibilidad de dirigir al pueblo, en apariencia al menos.

Pero ello no significa que la Revolución rusa debiera haber seguido el derrotero que en realidad siguió de febrero a octubre de 1917. Este no derivó solo de las relaciones de clase, sino también de condiciones temporales creadas por la guerra. Gracias a ella, los campesinos se hallaron

---

11 Como Jornadas de Julio han pasado a la historia los acontecimientos políticos desencadenados tras la manifestación armada organizada en Petrogrado, en julio de 1917, por un amplio sector de la vanguardia obrera y las unidades revolucionarias del ejército, principalmente el Regimiento de Ametralladoras, contrarias a la política conciliadora del gobierno de Kérenski. Los bolcheviques intentaron persuadir a los soldados y los trabajadores de que la acción era prematura, pero no consiguieron evitarla. Kérenski la utilizó para desatar una brutal campaña represiva contra el Partido Bolchevique, hasta llegar a encarcelar a numerosos dirigentes, entre ellos Trotsky. Lenin pasó a la clandestinidad.

organizados y equipados en un ejército de millones de hombres. Antes de que el proletariado tuviera tiempo de ordenarse bajo su bandera para arrastrar en tras de sí a las masas rurales, los revolucionarios de la pequeña burguesía habían encontrado un apoyo natural en el ejército campesino sublevado contra la guerra. Con el peso de este ejército innumerable, del cual dependía directamente todo, gravitaron sobre el proletariado, y en el primer periodo se lo llevaron consigo.

La marcha de la revolución hubiera podido ser diferente sobre las mismas bases de clase, tal y como lo prueban los acontecimientos que precedieron a la guerra. En julio de 1914, Petrogrado fue sacudido por huelgas revolucionarias que suscitaron incluso combates en las calles. Es incontestable que la dirección de este movimiento pertenecía a la organización clandestina y a la prensa legal de nuestro partido. El bolchevismo consolidaba su influencia en la lucha directa contra los liquidadores y los partidos de la pequeña burguesía en general. El desarrollo del movimiento hubiera motivado en primer lugar el crecimiento del partido bolchevique: si se hubieran instituido los sóviets de diputados obreros en 1914, verosímilmente habrían sido bolcheviques desde el principio. Dirigidos por los bolcheviques, los sóviets urbanos hubieran despertado los campos. No quiere ello decir necesariamente que los eseristas hubieran perdido totalmente y de inmediato la influencia que allí tenían. Según todas las probabilidades, se habría franqueado la primera etapa de la revolución proletaria bajo la bandera de los *narodniki*.[12] Con todo, estos se habrían visto forzados a

---

12 Narodniki (populistas): Denominación que se daban los anarquistas rusos. En 1876 organizaron el grupo Zemlia i Volia (Tierra y Libertad), en el que comenzaron a desarrollarse tendencias políticas contradictorias. En 1879, la organización se escindió en dos: Naródnaya Volia (La Voluntad del Pueblo) y Cherny Peredel (Repartición Negra, alusión a la demanda del reparto de la tierra entre los «negros», los siervos), encabezada por Gueorgui Plejánov. Los primeros derivaron hacia el terrorismo individual y

situar su ala izquierda en la vanguardia para estar en contacto con los sóviets bolcheviques de las ciudades. Asimismo, y en tal caso, el resultado directo de la insurrección hubiera dependido ante todo del estado de ánimo y de la conducta del ejército, que estaba ligado a los campesinos.

Es imposible además de inútil tratar de adivinar ahora si el movimiento de 1914-1915 habría acarreado la victoria en caso de que no hubiera estallado la guerra. Pero hay muchos indicios para suponer que si la Revolución victoriosa se hubiera desarrollado en el sentido en que se iniciaron los sucesos de julio de 1914, el derrocamiento del zarismo habría ocasionado el advenimiento al poder de los sóviets obreros revolucionarios, quienes al principio por mediación de los narodniki de izquierda, hubieran atraído a su órbita a las masas campesinas.

La guerra interrumpió el movimiento revolucionario que había empezado a desarrollarse, lo aplazó y después lo aceleró por demás. En la forma de un ejército de varios millones de hombres, la guerra creó una base excepcional, tanto política como organizativa, para los partidos de la pequeña burguesía. En efecto, resulta difícil convertir en tal base al elemento campesino, siquiera sea ya revolucionario. Los partidos de la pequeña burguesía se imponían al proletariado y lo oprimían en las redes del defensismo,[13] apoyándose en la organización preparada del ejército.

---

fueron aplastados tras el asesinato del zar Alejandro II (1881); el hermano mayor de Lenin pertenecía a este partido y fue ejecutado con otros militantes en 1887, tras un intento fallido de asesinar a Alejandro III. De sus restos saldría más tarde el partido eserista, motivo por el cual a sus miembros también se les denomina populistas (*narodniki*).

13 El «defensismo revolucionario» era la justificación, con argumentos supuestamente revolucionarios, de la continuación de Rusia en la Primera Guerra Mundial. La burguesía, y con ella los eseristas y los mencheviques, argumentaban que era necesario defender las conquistas de la Revolución de Febrero frente a la autocracia militarista alemana, escondiendo así los intereses materiales y de rapiña que tenían tanto los burgueses rusos como los imperialistas franceses y británicos, unidos a ellos por miles de lazos. Lenin oponía al defensismo la postura del derrotismo revolucionario.

He aquí por qué desde un principio Lenin combatió con encarnizamiento la vieja consigna de «dictadura democrática de obreros y campesinos», que, dadas las nuevas condiciones, significaba la transformación del partido bolchevique en el ala izquierda del bloque defensista. Para Lenin, la tarea principal estribaba en sacar del pantano defensista a la vanguardia proletaria. Solo con esa condición, en la etapa siguiente, el proletariado podría llegar a ser el centro de enlace con las masas trabajadoras del campo.

Pero, ¿qué actitud era menester adoptar frente a la revolución democrática, o dicho con más exactitud, frente a la dictadura democrática de obreros y campesinos? Lenin increpa con vigor a los «viejos bolcheviques» que han desempeñado ya varias veces —dice— un triste papel en la historia de nuestro partido, repitiendo sin inteligencia una fórmula «aprendida» en vez de «estudiar» las particularidades de la nueva situación. Y añade:

> No hay que apegarse a las viejas fórmulas, sino a la nueva realidad. ¿Abarca esta realidad la fórmula de «viejo bolchevique» del camarada Kámenev relativa a que no ha terminado la revolución democrática burguesa? No; semejante fórmula es anticuada. Carece de valor y está muerta. Vanos serán los esfuerzos que se intenten para resucitarla.

Es verdad que Lenin señaló ocasionalmente que los sóviets de diputados obreros, soldados y campesinos en el primer periodo de la revolución de Febrero encarnaron, «hasta cierto punto», la dictadura revolucionaria-democrática de obreros y campesinos. Así fue en la medida en que

---

Es decir, el carácter de la guerra imperialista no ha cambiado y «la derrota de Rusia es el mal menor» si el triunfo debe lograrse mediante la unión del proletariado con la burguesía. *Pravda,* antes de la llegada de Lenin a Rusia, sostenía que «todo derrotismo ha muerto desde el momento mismo en que apareció el primer regimiento revolucionario en las calles de Petrogrado».

tales sóviets ejercieron el poder. Pero, según ha replicado el propio Lenin, en muchas ocasiones los sóviets del periodo de Febrero ejercían solo un «semipoder»: sostenían el poder de la burguesía, no sin mantenerla a raya con el peso de una cierta oposición. Precisamente es esta situación equívoca la que les permitía no salirse del marco de la coalición democrática de obreros, campesinos y soldados.

Aunque muy distante todavía de la dictadura, esta coalición se inclinaba a ella conforme se apoyaba, antes que en relaciones estatales regularizadas, en la fuerza armada y en la alianza revolucionaria. La inestabilidad de los sóviets conciliadores residía en el carácter democrático de tal coalición de obreros, campesinos y soldados, que ejercían un «semipoder». Les quedaba la alternativa de ver disminuir su papel hasta la extinción o asumir el poder de veras. Pero no podían asumirlo como coalición de obreros y campesinos representados por diferentes partidos, sino como dictadura del proletariado dirigida por un partido único que se atrajera a las masas campesinas, empezando por los elementos semiproletarios.

En otros términos, la coalición democrática de obreros y campesinos solo podía considerarse como una forma preliminar del ascenso al poder, una tendencia, pero no un hecho. La conquista del poder debía romper la envoltura democrática, convencer a la mayoría de los campesinos de la necesidad de seguir a los obreros, permitir que el proletariado realizara su dictadura de clase y, por idéntica razón, poner al orden del día —paralela a la democratización radical de las relaciones sociales— la preeminencia socialista del Estado obrero en los derechos de la sociedad capitalista. Continuar en estas condiciones ateniéndose a la fórmula de la «dictadura democrática» equivalía, en realidad, a renunciar al poder y arrinconar la revolución en un callejón sin salida.

La principal cuestión en litigio, a cuyo derredor giraban las demás, era la de si se debía luchar por el poder y asumirlo, o no. Eso basta para demostrar que no estábamos en presencia de divergencias aparentes y episódicas, sino frente a dos tendencias principistas. Una de ellas era proletaria y conducía a la revolución mundial; la otra era democrática, de la pequeña burguesía, y comportaba en último término la subordinación de la política proletaria a las necesidades de la sociedad burguesa en su proceso de reforma. Estas dos tendencias chocaron violentamente en todas las cuestiones durante 1917, por poco importantes que fuesen. La época revolucionaria, es decir, el momento de poner en práctica el caudal acumulado por el partido, debía motivar inevitablemente algunos desacuerdos del mismo género.

En mayor o menor escala ambas tendencias se manifestarán aún muchas veces en todos los países durante los periodos revolucionarios, con las diferencias motivadas por cada situación. Si se considera al «bolchevismo» como la educación, el temple y la organización de la vanguardia proletaria capaz de tomar el poder por la fuerza; si se considera a la «socialdemocracia» como el reformismo y la oposición dentro del marco de la sociedad burguesa, así como la adaptación a la legalidad de esta, o sea la educación de las masas en la idea de la imperturbabilidad del Estado burgués, claro está que la lucha entre las tendencias socialdemócratas y el bolchevismo, incluso en un partido comunista que no surge ya templado de la forja de la historia, debe manifestarse de la manera más perentoria y franca cuando se plantea directamente la cuestión del poder en periodo revolucionario.

Hasta el 4 de abril, es decir, después de que Lenin llegó a Petrogrado,[14] no se planteó ante el partido el problema

---

14 Lenin llegó a Petrogrado la noche del 3 de abril de 1917. Al día siguiente, Zinóviev informó al Comité Ejecutivo del Sóviet de Petrogrado sobre las circunstancias del viaje desde Suiza, a través de Alemania, en el famoso tren blindado. Treinta y dos emigrados políticos pertenecientes a distintos partidos hicieron el viaje. Fritz Platten, socialista suizo, se encargó de

de la conquista del poder. Pero, incluso a partir de este momento, la línea del partido no tiene un carácter continuo, indiscutible para todos. A pesar de las decisiones de la Conferencia de abril de 1917,[15] durante todo el periodo preparatorio se exterioriza una resistencia tan pronto sorda como abierta hacia la vía revolucionaria.

El estudio del desarrollo de las divergencias entre Febrero y la consolidación de la revolución de Octubre, no solo ofrece un interés teórico excepcional, sino también una importancia práctica inconmensurable. En 1910 Lenin había calificado de «anticipatorios» los desacuerdos que se habían manifestado en el II Congreso de 1905. Conviene seguir estos desacuerdos desde su origen o sea después de

---

los trámites. Se llegó a un acuerdo por escrito con e1 embajador alemán en Suiza, cuyos principales puntos fueron los siguientes: 1) Todos los emigrados, cualquiera que fuese su opinión sobre la guerra, tendrían derecho a viajar; 2) El vagón de tren ocupado por los emigrados tendría el privilegio de la extraterritorialidad; nadie tendría derecho a entrar en él sin permiso de Platten; no habría ningún control sobre pasaportes o equipajes; 3) Los viajeros se comprometieron a intentar la devolución de un número igual de prisioneros de guerra austro-húngaros y alemanes en Rusia.

15 La Conferencia de Abril de los bolcheviques se celebró en Petrogrado del 24 al 29 de dicho mes. El orden del día incluía: la situación política (perspectivas de la Revolución rusa), la guerra, la labor preparatoria para la formación de la Tercera Internacional, la cuestión agraria, el programa y la cuestión nacional. De los debates se tomaron muy pocas notas, pero fue probablemente la conferencia más decisiva en la historia del partido. La línea seguida por Stalin y Kámenev, antes del retorno de Lenin a Rusia, fue reemplazada por la estrategia que conducía a la toma del poder. Stalin había considerado la diferencia entre los sóviets y el Gobierno Provisional simplemente como una división del trabajo. Consideraba al Gobierno Provisional, de acuerdo a sus propias palabras, como una entidad que debía «ratificar las conquistas del pueblo revolucionario». Defendía, además, la reunificación con los mencheviques. «Debemos hacerlo. Es necesario definir nuestra posición como base para una unión; la unión es posible sobre la base de Zimmerwald-Kienthal (...). Dejaremos de lado los pequeños desacuerdos dentro del partido». En *Las Tesis de Abril* Lenin realizó una crítica demoledora a estas posturas conciliadoras. «Hasta nuestros bolcheviques demuestran cierta confianza en el gobierno. Esto solo se explica por la intoxicación de la revolución. Es la muerte del socialismo. Compañeros, vosotros tenéis una actitud de confianza hacia el gobierno. Si eso es así, nuestros caminos se separan. Prefiero permanecer en minoría».

1903 y aún desde el «economicismo».[16] Pero este estudio carecería de sentido si no fuera completo y no comprendiera asimismo el periodo en que las divergencias fueron sometidas a la prueba decisiva de Octubre.

En estas páginas no podemos proceder a un examen completo de todas las etapas de dicha lucha. Pero juzgamos necesario rellenar parcialmente la inadmisible laguna que existe en nuestra literatura respecto al periodo más importante del desarrollo de nuestro partido. Como ya hemos dicho, el núcleo de las citadas divergencias es la cuestión del poder. Sobre este asunto se basa el criterio que permite determinar el carácter de un partido revolucionario y de un partido no revolucionario.

En el periodo que estudiamos se formula y resuelve la cuestión de la guerra en estrecha conexión con la cuestión del poder. Examinaremos ambas por orden cronológico: la posición del partido y de su prensa en el periodo inmediatamente posterior al derrocamiento del zarismo, antes de la llegada de Lenin; la lucha en torno a las tesis de Lenin, la Conferencia de Abril, las consecuencias de las Jornadas de Julio, la sublevación de Kornílov, la Conferencia Democrática y el Preparlamento, la insurrección armada y la toma del poder (septiembre-octubre), el gobierno socialista «homogéneo».

Creemos que el estudio de estas divergencias nos permitirá deducir conclusiones de considerable importancia para los demás partidos de la Internacional Comunista.

---

16 El «economicismo» fue una variante reformista de la socialdemocracia rusa en sus comienzos. Sostenía que la lucha por reivindicaciones económicas era suficiente para desarrollar espontáneamente el movimiento de masas, y el partido revolucionario debería limitarse a agitar por estas demandas. Lenin criticó duramente esta posición en su libro ¿Qué hacer? por idealizar el atraso de la clase obrera, subestimando sus tareas políticas y la necesidad de organizar un partido revolucionario.

La lucha contra la guerra y el defensismo

Sin duda, el derrocamiento del zarismo en febrero de 1917 constituyó un gigantesco salto adelante. Pero, considerada en sí misma y no como un paso hacia Octubre, la revolución de Febrero significaba únicamente una aproximación de Rusia al tipo de república burguesa que existe, por ejemplo, en Francia. Claro que los partidos revolucionarios de la pequeña burguesía no la consideraron una revolución burguesa; pero tampoco la estimaron como una etapa de la revolución socialista, calificándola como una adquisición «democrática» que tenía un valor independiente por sí misma. Sobre esta premisa fundaron la ideología del defensismo revolucionario. No defendían la dominación de tal o cual clase, sino la «revolución» y la «democracia». Incluso dentro de nuestro partido, la revolución de Febrero ocasionó al principio un cambio notable de las perspectivas revolucionarias. En marzo, *Pravda*[17] se hallaba más cerca del «defensismo revolucionario» que de la posición de Lenin.

Cuando dos ejércitos están frente a frente —decía un artículo del comité de redacción— proponer a uno de ellos rendir las armas y regresar a sus hogares sería la más absurdas de las políticas. No sería esta una política de

---

17 *Pravda* (La Verdad) era el órgano del Comité Central bolchevique.

paz, sino de esclavitud, que rechazaría con indignación un pueblo libre. No, el pueblo se mantendrá en su puesto con firmeza y devolverá balazo por balazo, proyectil por proyectil.[18]

Nótese que aquí no se trata de las clases dominantes u oprimidas, sino del pueblo libre; no son las clases las que luchan por el poder, sino el pueblo libre que está «en su puesto». Tanto las ideas como la manera de formularlas son puramente defensistas. En el mismo artículo leemos:

Nuestra consigna no es la desorganización del ejército revolucionario o que se revoluciona, ni la vacua divisa de «¡Abajo la guerra!». Nuestra consigna es: presión (!) sobre el Gobierno Provisional[19] para forzarlo a que intente con

---

18 «Ninguna diplomacia secreta», en *Pravda* nº 9, 15 de marzo de 1917.
19 El zar fue arrestado en febrero de 1917, abdicando en favor del gran duque Miguel, como regente. Este último, sin embargo, prudentemente, prefirió renunciar. El Comité Provisional de la Duma Imperial, con el asentimiento del Comité Ejecutivo del Sóviet de Petrogrado, formó un Gobierno Provisional encabezado por el príncipe Lvov. El líder de la burguesía liberal, Miliukov, ostentó la cartera de Relaciones Exteriores. Gutchkov era ministro de Guerra y Kérenski, de Justicia. El Gobierno Provisional continuó la política imperialista del zar. Miliukov se declaró a favor de la anexión de Constantinopla y de llevar la guerra hasta el triunfo final. El resentimiento de las masas se manifestó en las manifestaciones de abril en Petrogrado, exigiendo la renuncia de Miliukov. Pero, dirigidos por los conciliadores mencheviques y eseristas, el sóviet intentó frenar a las masas. Sintiendo, sin embargo, que el terreno temblaba bajo sus pies, el Gobierno Provisional invitó al Comité Ejecutivo Central de los Sóviets a formar un Gobierno de coalición. Con la oposición de los bolcheviques, el Comité Ejecutivo aceptó. Miliukov y otros renunciaron. El 18 de mayo se formó el segundo Gobierno Provisional (primera coalición), con Kérenski como ministro de Guerra. Chernov, eserista, fue designado ministro de Agricultura; los mencheviques Skobelev, de Trabajo, y Tsereteli, de Correos y Telégrafos; el populista Riajanov, de Alimentación. El Ejecutivo de los Sóviets justificó la coalición con el argumento de que se llegaría a la paz y se consolidaría la democracia. En realidad, la coalición continuó la guerra y alentó a la reacción. El gobierno no podía representar a la vez los intereses de clases en conflicto. La crisis se recrudecía y la burguesía saboteaba la producción. Cinco ministros kadetes (burgueses liberales) dimitieron.

resolución, ante las democracias del mundo (!), obligar (!) a todos los países beligerantes el comienzo inmediato de negociaciones respecto a la manera de terminar la guerra mundial. Hasta entonces cada uno (!) permanecerá en su puesto de combate.

Este programa de presión sobre el gobierno imperialista para obligarlo a seguir un camino de paz era el de Kautsky y Ledebour en Alemania, de Longuet en Francia, de Mac-Donald en Inglaterra; pero no el del bolchevismo. En su artículo, el comité de redacción no se contenta con aprobar el famoso manifiesto del Sóviet de Petrogrado *A los pueblos del mundo*[20] —manifiesto impregnado del espíritu del defensismo «revolucionario»—; se solidariza con las resoluciones francamente defensistas adoptadas en dos mítines de Petrogrado y sobre las cuales declara:

> Si las democracias alemana y austriaca no oyen nuestra voz —es decir, la voz del Gobierno Provisional y del Sóviet conciliador [nota de León Trotsky]—, defenderemos nuestra patria hasta verter la última gota de nuestra sangre.

El aludido artículo no supone una excepción, sino que expresa con exactitud la posición de *Pravda* hasta que regresó Lenin a Rusia. Así, en otro artículo sobre la guerra[21] que contiene, sin embargo, algunas observaciones críticas

---

La resolución de las cuestiones importantes fue postergada para la Asamblea Constituyente, que a su vez fue aplazada. El 20 de julio, el príncipe Lvov renunció y Kérenski ocupó su puesto de primer ministro, manteniendo la cartera de Guerra.

20 El 14 de marzo el Comité Ejecutivo Central de los Sóviets lanzó un manifiesto para una «paz democrática», que podía ser aceptado perfectamente por el presidente británico Lloyd George y no difería en nada de la retórica del estadounidense Woodrow Wilson. El verdadero control de la política exterior lo tenía el político burgués Miliukov, que perseguía los antiguos objetivos imperialistas de la Rusia zarista.

21 *Pravda* n° 10, 16 de marzo de 1917.

acerca del manifiesto a los pueblos, encontramos la siguiente declaración: «No se puede por menos que aclamar el llamamiento de ayer, con el que el Sóviet de Petrogrado de Obreros y Soldados invita a los pueblos del mundo entero a forzar a sus gobiernos a cesar esta carnicería». ¿Cómo hallar una salida a la guerra? El mismo artículo responde: «La salida consiste en ejercer presión sobre el Gobierno Provisional con el fin de hacerle declarar que accede a iniciar inmediatamente negociaciones de paz».

Podríamos dar buena cantidad de citas similares de carácter defensivo y conciliador más o menos disfrazado. En ese momento, Lenin, que no había conseguido aún salir de Zúrich, se pronunciaba con brío, en sus *Cartas desde lejos*,[22] contra toda sombra de concesión a defensistas y conciliadores:

Es inadmisible, absolutamente inadmisible —escribía el 8 de marzo—, ocultar y ocultarle al pueblo que este gobierno quiere la continuación de la guerra imperialista, que es el agente del capital inglés, que persigue la restauración de la monarquía y la consolidación de la dominación de los terratenientes, así como la de los capitalistas.

Después, el 12 de marzo, insiste: «Pedir que este Gobierno concluya una paz democrática es lo mismo que predicar virtud al explotador de un burdel». Mientras *Pravda* exhorta a ejercer presión sobre el Gobierno Provisional para obligarlo a intervenir en pro de la paz ante «las democracias del mundo», Lenin escribe:

---

22 Lenin escribió las *Cartas desde lejos* en Suiza, entre el 2 y el 8 de abril de 1917. Solo la primera *(La primera etapa de la primera revolución)* llegaría a Petrogrado para ser publicada en los números 14 y 15 de *Pravda*. Las restantes aparecieron por primera vez en 1924, en el segundo volumen de sus obras completas (edición rusa). La quinta carta *(Problemas de la organización proletaria revolucionaria del Estado)*, comenzada el 8 de abril, día de la partida de Lenin de Suiza, nunca fue terminada.

Dirigirse al gobierno Guchkov-Miliukov para proponerle concluir cuanto antes una paz honrosa y democrática, es actuar como un buen pope de aldea que propusiera a los terratenientes y a los mercaderes vivir según la ley de Dios, amar a su prójimo y brindar la mejilla derecha cuando se les abofetee la izquierda.

El 4 de abril, al día siguiente de llegar a Petrogrado, Lenin se manifestó resueltamente contra la posición de *Pravda* en la cuestión de la guerra y de la paz:

> No se debe otorgar apoyo alguno al Gobierno Provisional —escribía—; hay que explicar la mentira de todas sus promesas, en particular la que concierne a la renuncia a las anexiones. Es menester desenmascarar a este gobierno en vez de pedirle (reivindicación solo apropiada para provocar ilusiones) que «cese» de ser imperialista.

Sobra añadir que Lenin consideraba «notorio» y «confuso» el llamamiento de los conciliadores del 14 de marzo, acogido tan favorablemente por *Pravda*. Constituye una hipocresía imponderable invitar a los demás pueblos a romper con sus banqueros y a crear simultáneamente un gobierno de coalición con ellos.

> Los hombres del centro —dice Lenin en su proyecto de tesis— juran que son marxistas e internacionalistas, que quieren la paz, así como toda suerte de presiones sobre su gobierno con objeto de que manifieste la voluntad pacifista del pueblo.

Pero, ¿acaso —se podría objetar— renuncia un partido revolucionario a ejercer presión sobre la burguesía y su gobierno? Evidentemente, no. La presión sobre el gobierno burgués es el camino de las reformas. Un partido marxista revolucionario no renuncia a ellas, pero el camino de las reformas tiene un propósito útil en cuestiones subsidiarias y no en cuestiones fundamentales. No se puede obtener el poder por medio de reformas ni se puede, por medio de presión, forzar a la burguesía a cambiar su política en una cuestión de la que depende su suerte. La guerra creó una situación revolucionaria precisamente por el hecho de que no dejaba margen para ninguna «presión» reformista. Era necesario seguir a la burguesía hasta el fin o sublevar a las masas contra ella para arrancarle el poder. En el primer caso, podrían obtenerse ciertas concesiones de política doméstica, a condición de apoyar sin reservas su política exterior imperialista. Por esta misma razón, el social-reformismo social se transformó abiertamente, al comienzo de la guerra, en social-imperialismo. Por la misma razón, los elementos genuinamente revolucionarios se vieron obligados a iniciar la creación de esta nueva Internacional.

El punto de vista de *Pravda* no era proletario ni revolucionario, sino demócrata y defensista, aunque equívoco en su defensismo.

> Hemos derrocado el zarismo —se decía—, y ejercemos una presión sobre el gobierno democrático. Este debe proponer la paz a los pueblos. Si la democracia alemana no puede obligar a su gobierno, defenderemos nuestra «patria» hasta verter la última gota de nuestra sangre.

La realización de la paz no se había planteado como tarea exclusiva de la clase obrera —tarea pendiente de llevar a cabo a pesar del Gobierno Provisional burgués—, porque la conquista del poder por el proletariado no se había planteado como tarea revolucionaria práctica. Sin embargo, ambas cosas eran inseparables.

La Conferencia de Abril

Para muchos dirigentes del partido, el discurso de Lenin en la estación Finlandia sobre el carácter socialista de la Revolución rusa fue como una bomba. Desde el primer día se inició la polémica entre él y los partidarios del «perfeccionamiento de la revolución democrática».

La manifestación armada de abril,[23] en la cual resonó la consigna de «¡Abajo el Gobierno Provisional!», daría ocasión a un conflicto agudo. A ciertos representantes del ala derecha les suministró un pretexto para acusar de blanquismo[24] a Lenin. Afirmaban que no se podría derribar al

---

23 Manifestación armada espontánea de 25.000 soldados apoyados por obreros, con la consigna «Dimisión de Miliukov». El Comité Central bolchevique ya orientado por Lenin, publicó posteriormente una resolución que señalaba: «La consigna "Abajo el Gobierno Provisional" es en este momento incorrecta porque sin un sólido (es decir, consciente y organizado) apoyo de la mayoría de la población a la revolución proletaria, semejante consigna o es una frase vacía o conduce a tentativas de carácter aventurero». La resolución también establecía que la tarea del partido consistía en ese momento en una labor de crítica y de propaganda, así como en ganar la mayoría en los sóviets, como antesala de la toma del poder.

24 Blanqui, August (1805-81), revolucionario y representante del comunismo utópico francés, abogaba por la toma del poder mediante el complot armado de una minoría. El marxismo considera, al igual que el blanquismo, que la insurrección es un arte, pero difiere de él en las condiciones en que debe realizarse. Lenin escribió: «En primer lugar, para poder triunfar, la insurrección no debe apoyarse en una conspiración ni en un partido, sino en la clase de vanguardia. En segundo lugar, debe apoyarse en *el entusiasmo revolucionario del pueblo*. Y, en tercer lugar, debe basarse en el momento

Gobierno Provisional, sostenido entonces por la mayoría del sóviet, sino torciendo la voluntad de la mayor parte de los trabajadores. Formalmente, podía no parecer desprovisto de fundamento el reproche. En realidad, la política de Lenin en abril no delataba ni sombra de blanquismo. Para él, toda la cuestión se reducía a saber en qué medida los sóviets continuaban reflejando el estado de ánimo verdadero de las masas y a determinar si no se engañaba al partido dejándose orientar por ellos. La manifestación de abril, que había sido «más izquierdista» de lo conveniente, implicaba un reconocimiento destinado a comprobar el estado de ánimo de las masas, así como las relaciones entre estas últimas y la mayoría del sóviet, demostrando la necesidad de un largo trabajo preparatorio. A principios de mayo, Lenin reprobó en tono severo la conducta de los marineros de Kronstadt, quienes, movidos por su ímpetu, se habían excedido y habían declarado no reconocer el Gobierno Provisional.

Los adversarios de la lucha por el poder abordaban la cuestión de manera muy diferente. En la Conferencia de Abril del partido, Kámenev exponía sus quejas:

En el número 19 de *Pravda*, unos compañeros —evidentemente se trata de Lenin [comentario de Trotsky]— proponían una resolución sobre el derrocamiento del Gobierno Provisional, resolución impresa antes de la última crisis; pero luego la han rechazado por ser susceptible de introducir la desorganización y el aventurerismo. Bien se ve

---

crítico de la historia de la revolución en ascenso en que la actividad de la vanguardia del pueblo esté en su apogeo, en que sean mayores *las vacilaciones* en las filas del enemigo y en las filas de los *débiles, inconsecuentes e indecisos amigos de la revolución*. Estas tres condiciones al plantear el problema de la insurrección son las que diferencian *el marxismo y el blanquismo*» (Lenin, *El marxismo y la insurrección. Carta al Comité Central del POSDR(b)*, 13-14 de septiembre de 1917. En *1917. Escritos en revolución*, volumen 3, pp. 179-80).

que los compañeros en cuestión se habían enterado de algo durante esa crisis. La resolución propuesta —es decir, la resolución propuesta por Lenin en la Conferencia [comentario de Trotsky]— reitera esta falta.

Resulta significativa en alto grado semejante manera de plantear la cuestión. Una vez efectuado el reconocimiento, Lenin retiró la consigna del derrocamiento inmediato del Gobierno Provisional; pero la retiró temporalmente, por unas semanas o por unos meses, según la mayor o menor rapidez con que creciera la indignación de las masas contra los conciliadores. Por su parte, la oposición consideraba errónea tal consigna. La demora provisional de Lenin no comportaba ninguna modificación de su línea de conducta. Lenin no se basaba en el hecho de que todavía no estuviera terminada la revolución democrática, sino solo en el de que la masa aún era incapaz de derribar al Gobierno Provisional y de que se requería cuanto antes hacerla capaz de abatirlo.

Toda la Conferencia de Abril del partido se consagró a la siguiente cuestión esencial: «¿Vamos a la conquista del poder para realizar la revolución socialista, o ayudamos a perfeccionar la revolución democrática?». Por desgracia, todavía permanece sin publicar la reseña de esa Conferencia. Sin embargo, quizás no haya en la historia de nuestro partido un congreso que tuviera una importancia tan grande y tan directa para la suerte de nuestra Revolución.

La lucha irreductible contra el defensismo y los defensistas, la conquista de la mayoría en los sóviets, el derrocamiento del Gobierno Provisional a través de los sóviets, una política revolucionaria de paz, el programa de la revolución socialista en el interior y de la revolución internacional en el exterior; tal fue la posición de Lenin. Conforme se sabe, la oposición propugnaba el perfeccionamiento de la revolución democrática por medio de la presión sobre el Gobierno Provisional, debiendo permanecer los sóviets como órganos de «inspección» cerca del poder burgués. De lo cual se desprende una actitud más conciliadora con respecto al defensismo.

En la Conferencia de Abril uno de los adversarios de Lenin argumentó así:

> Hablamos de los sóviets de diputados obreros y soldados como de centros organizadores de nuestras fuerzas y del poder (...). Su mismo nombre indica que constituyen un bloque de fuerzas pertenecientes a la pequeña burguesía y al proletariado, para quienes se impone la necesidad de rematar las tareas democráticas burguesas. Si hubiera terminado la revolución democrático-burguesa no podría existir este bloque... y contra él orientaría el proletariado la lucha revolucionaria... Sin perjuicio de lo anterior, reconocemos a esos sóviets la calidad de centros de organización de nuestras fuerzas (...). Así pues, aún no está acabada la revolución burguesa, que no ha dado todo su rendimiento, y debemos reconocer que, si estuviera terminada por completo, pasaría el poder a manos del proletariado. (Discurso de Kámenev)

El desdichado esquematismo de este razonamiento es palmario. Porque precisamente la clave de la cuestión está en que para «terminar por completo» era necesario que pasara el poder a otras manos. El autor del discurso citado, ignora el eje verdadero de la revolución, no deduce las tareas del partido del agrupamiento real de las fuerzas de clase, sino de una definición formal de la revolución considerada burguesa o democrático-burguesa. Según él, es menester formar bloque con la pequeña burguesía y controlar el poder burgués en tanto que no esté perfeccionada la revolución burguesa. Ello implica un claro esquema menchevique. Al limitar desde el punto de vista doctrinal las tareas de la Revolución con el apelativo de esta —revolución «burguesa»—, había de llegarse fatalmente a la política de presionar al Gobierno Provisional, a la reivindicación de un programa de paz sin anexiones, etcétera. ¡Por perfeccionamiento de la revolución democrática se sobreentendía la realización de una serie de reformas por mediación de la Asamblea Constituyente,[25] donde el Partido Bolchevique desempeñaría el papel de ala izquierda!

Así perdía cualquier significación efectiva la consigna de «Todo el poder a los sóviets». Esto fue lo que declaró Noguin en la Conferencia de Abril, mucho más lógico que sus compañeros de oposición:

> En el curso de la evolución desaparecen las atribuciones más importantes de los sóviets, y una serie de sus funciones administrativas se transmiten a los municipios, a los *zemstvos*,[26] etc. Consideremos el desarrollo ulterior de la organización estatal. No podemos negar que habrá una Asamblea Constituyente y, en consecuencia, un Parlamento. De ahí resulta que, progresivamente, se irá descargando de sus principales funciones a los sóviets; pero ello no

25 «La demanda de la reunión de una Asamblea Constituyente formaba parte en el pasado, con perfecto derecho, del programa de la socialdemocracia revolucionaria, porque en una república burguesa la Asamblea Constituyente constituye la forma más elevada de democracia» escribía Lenin en sus *Tesis sobre la Asamblea Constituyente*, el 8 de enero de 1918. Pero mientras insistían en que la Asamblea Constituyente debía reunirse, los bolcheviques señalaban que una república de los sóviets era una forma más elevada de democracia que la república burguesa. Después de que los sóviets consiguieron todo el poder en Octubre, la Asamblea Constituyente perdió su significación. Cuando se reunió el 18 de enero, duró un solo día. Su composición, mayoritariamente de eseristas de derecha, fue un reflejo de la situación política previa al deslizamiento de las masas hacia las posiciones del bolchevismo. Después de que la Asamblea se negará a asumir los principales decretos aprobados por el Segundo Congreso de los Sóviets tras el triunfo de la revolución de Octubre, los bolcheviques y los eseristas de izquierda abandonaron la sesión denunciando como contrarrevolucionaria a la mayoría de la Asamblea. El mismo día la Asamblea se dispersó y el 19 de enero el gobierno soviético la disolvió oficialmente.

26 *Zemstvos*: Gobiernos comarcales y provinciales instituidos en 1864 en Rusia. Fue una de las reformas liberales del zar Alejandro II, paralela a la abolición formal de la servidumbre de la gleba.

quiere decir que terminen de una manera vergonzosa su existencia. Se limitarán a transmitir sus funciones. No será con sóviets del tipo actual con los que llegue a realizarse entre nosotros la república comunal.

Por último, un tercer opositor abordó la cuestión desde el punto de vista de la madurez de Rusia para el socialismo:

> Al enarbolar la consigna de la revolución proletaria, ¿podemos contar con el apoyo de las masas? No, porque Rusia es el país de Europa donde más domina la pequeña burguesía. Si el partido adopta la plataforma de la revolución socialista, se transformará en un círculo de propagandistas. La revolución debe desencadenarse desde Occidente (...). ¿Dónde saldrá el sol de la revolución socialista? Dado el estado de cosas que reina entre nosotros, dada la preponderancia de la pequeña burguesía, estimo que no nos incumbe tomar la iniciativa de tal revolución. No disponemos de las fuerzas necesarias a este efecto, además de faltarnos las condiciones objetivas. En Occidente se plantea la cuestión de la revolución socialista poco más o menos como aquí la del derrocamiento del zarismo.

No todos los adversarios de Lenin extraían de la Conferencia de Abril las conclusiones de Noguin; pero todos, por la lógica de las circunstancias, se vieron obligados a aceptarlas unos meses más tarde, en vísperas de Octubre. Dirigir la revolución proletaria o circunscribirse al papel de oposición en el Parlamento burgués era la alternativa a la cual se hallaba reducido nuestro partido. La segunda posición era menchevique, o, dicho más exactamente, era la posición que no tuvieron más remedio que adoptar los mencheviques después de la Revolución de Febrero.

En efecto, durante años, los líderes mencheviques habían afirmado que la revolución burguesa solo podía llevar a cabo las aspiraciones de la burguesía, que la socialdemocracia no podía asumir las tareas de la democracia burguesa y debería, «sin dejar de impulsar a la burguesía hacia la izquierda», limitarse a un papel de oposición. En particular, Martínov no se había cansado de desarrollar esta tesis. Gracias a la Revolución de Febrero, los mencheviques se encontraron en el Gobierno. De sus «principios» no conservaron más que la tesis relativa a que el proletariado no debía adueñarse del poder. Así pues, aquellos bolcheviques que condenaban el *ministerialismo* menchevique mientras se alzaban contra la toma del poder por el proletariado, se atrincheraban de hecho en las posiciones prerrevolucionarias de los mencheviques.

La revolución provocó desplazamientos políticos en dos sentidos: los reaccionarios se hicieron kadetes[27] y los kadetes, republicanos (desplazamiento hacia la izquierda); los eseristas y los mencheviques se hicieron partido burgués dirigente (desplazamiento hacia la derecha). Por procedimientos de este género era como intentaba la sociedad burguesa crear un nuevo armazón para su poder estatal, su estabilidad y su orden. Pero, mientras los mencheviques abandonaban su socialismo formal por la democracia vulgar, la derecha de los bolcheviques se pasaba al socialismo formal, o sea, a la posición que ocupaban los mencheviques la víspera.

En la cuestión de la guerra se produjo el mismo reagrupamiento. Con excepción de algunos doctrinarios, la

---

27 Kadetes: Miembros del Partido Demócrata Constitucionalista (formalmente, Partido de la Libertad Popular), así llamados por su acrónimo en ruso (KDT). Principal partido de la burguesía monárquica liberal rusa, fundado en 1905 por elementos de la burguesía, terratenientes de los zemstvos e intelectuales burgueses. Apoyaron la represión zarista contra la revolución de 1905. Durante la Primera Guerra Mundial apoyaron la política anexionista del zar. Después de la revolución de Febrero desempeñaron un importante papel en el Gobierno Provisional. Tras Octubre se convirtieron en los enemigos más encarnizados de los bolcheviques, participando en todas las acciones armadas contrarrevolucionarias y en las campañas militares de los imperialistas. Su principal dirigente fue Miliukov.

burguesía —que, por cierto, apenas esperaba ya la victoria militar— adoptó la fórmula de «ni anexiones ni indemnizaciones». Los mencheviques y los eseristas zimmerwaldianos,[28] que habían criticado a los socialistas franceses porque defendían su patria republicana burguesa, se pasaron de la posición internacionalista pasiva al patrioterismo activo. Al propio tiempo, la derecha bolchevique se deslizó al internacionalismo pasivo de «presión» sobre el Gobierno Provisional, con miras a una paz democrática «sin anexiones ni indemnizaciones». De tal suerte, la fórmula de la dictadura democrática del proletariado y del campesinado se disloca teórica y políticamente en la Conferencia de Abril y suscita dos puntos de vista opuestos: el democrático, camuflado con reservas socialistas formales, y el socialista revolucionario, el punto de vista auténticamente bolchevique y leninista.

---

28 Hace referencia a la Conferencia de Zimmerwald. La I Conferencia Socialista Internacional se celebró del 5 al 8 de septiembre de 1915 en Zimmerwald (Suiza). En ella se enfrentaron los internacionalistas revolucionarios, encabezados por Lenin, y la tendencia impregnada por el espíritu conciliador y pacifista de Kautsky, que había roto en Alemania con la mayoría parlamentaria del SPD. Lenin y otros internacionalistas revolucionarios formaron la llamada izquierda zimmerwaldiana, defendiendo el derrotismo revolucionario. Trotsky, que en ese momento todavía no se alineaba orgánicamente con los bolcheviques, redactó el manifiesto de la Conferencia, en el que se calificaba de imperialista a la guerra mundial, se condenaba la conducta de los «socialistas» que habían votado a favor de los créditos de guerra y entrado en gobiernos burgueses, y se hacía un llamamiento al movimiento obrero europeo para luchar contra la guerra y por una paz sin anexiones ni compensaciones.

Las Jornadas de Julio, la sublevación de Kornílov, la Conferencia Democrática y el «Preparlamento»

Las decisiones de la Conferencia de Abril proporcionaron al partido una base correcta, pero no eliminaron las divergencias que se evidenciaban en el vértice de la dirección. Por el contrario, durante el curso de los acontecimientos, tales divergencias iban a revestir formas todavía más concretas y a alcanzar su máxima agudeza en el momento más grave de la revolución: Octubre.

La tentativa de organizar una manifestación el 10 de junio, sugerida por Lenin, fue condenada por aquellos bolcheviques que habían desaprobado el carácter de la manifestación de abril. No tuvo lugar pues el Congreso de los Sóviets la prohibió. Pero el 18 de junio el partido se desquitó: la manifestación general de Petrogrado, organizada con arreglo a la iniciativa, bastante imprudente por cierto, de los conciliadores, se efectuó casi en su totalidad siguiendo las consignas bolcheviques. Sin embargo, el gobierno insistió en seguir su camino y emprendió una estúpida ofensiva militar en el frente. El momento era decisivo. Lenin puso al partido en guardia contra las imprudencias, y el 21 de junio, escribió en *Pravda*: «Compañeros, en la hora actual no sería racional una demostración de fuerza. Nos vemos obligados ahora a pasar por una etapa completamente nueva de nuestra revolución». Pero vinieron las jornadas que marcaron un momento importante en el camino de la revolución y el desarrollo de las divergencias dentro del partido.

En aquellas jornadas la presión espontánea de las masas de Petrogrado desempeñó un papel decisivo. Es indudable que Lenin entonces se preguntó si no habría llegado el momento, si el estado de ánimo de las masas no habría superado la superestructura soviética y si, hipnotizados por la legalidad soviética, no correríamos el riesgo de retrasarnos frente a las masas y apartarnos de ellas. Es muy verosímil que durante las Jornadas de Julio tuvieran lugar ciertas operaciones de puro carácter militar por iniciativa de compañeros sinceramente convencidos de no estar en desacuerdo con la apreciación que de la situación hacía Lenin. Más tarde, el propio Lenin diría: «En julio hicimos bastantes tonterías». En realidad, también a la sazón el asunto se redujo a un reconocimiento, aunque de mayor envergadura, y a una etapa más avanzada del movimiento.

Tuvimos que batirnos en retirada. Al prepararse para la insurrección y para la toma del poder, Lenin y el partido no vieron en la intervención de julio más que un episodio donde habíamos pagado bastante caro el profundo reconocimiento efectuado entre las fuerzas enemigas, pero que no podría hacer desviar la línea general de nuestra acción. Por el contrario, los compañeros hostiles a la política de tomar el poder verían en el episodio una aventura perjudicial. Los elementos del ala de derecha reforzaron su ofensiva, y su crítica se volvió más categórica. Por consiguiente, cambió el tono de la réplica, y Lenin escribió:

> Todas esas lamentaciones, todas esas reflexiones que tienden a probar cómo no habría convenido intervenir, provienen de renegados, si emanan de bolcheviques, o son manifestaciones del pavor y de la confusión peculiares de los pequeñoburgueses.

El calificativo de renegados pronunciado en tal momento proyectaba una luz trágica sobre las divergencias dentro del partido. En lo sucesivo se repetiría con más frecuencia cada vez.

Evidentemente, la actitud oportunista en la cuestión del poder y de la guerra predeterminaba una actitud análoga respecto a la Internacional. Los derechistas intentaron hacer participar al partido en la Conferencia de Estocolmo[29] de los socialpatriotas. El 16 de agosto, Lenin escribió:

> El discurso de Kámenev en el Consejo Central Ejecutivo el 6 de agosto, con motivo de la Conferencia de Estocolmo, no puede menos que ser reprobado por los bolcheviques fieles al partido y a sus principios.

Más adelante, glosando una frase acerca de que sobre Estocolmo empezaba a ondear la bandera revolucionaria, Lenin escribió:

> Eso implica una declaración hueca en el espíritu de Chernov y Tsereteli, una mentira indigna. No es la bandera revolucionaria, sino la bandera de las transacciones, de los acuerdos, de la amnistía de los socialimperialistas, de las negociaciones de los banqueros para el reparto de los territorios anexionados la que empieza a ondear sobre Estocolmo.

---

29 En apoyo de un comité conjunto de los partidos socialistas escandinavos, el director del *Social Demokraten*, Borgbjer, envió una invitación al Comité Ejecutivo de los Sóviets para asistir a una conferencia internacional de la paz, a realizar en Estocolmo. Los mencheviques y eseristas aceptaron acudir, al igual que los socialdemócratas alemanes Hase, Kautsky y Ledebour. Los socialistas franceses y británicos rechazaron la invitación por razones patrióticas. La Conferencia de Abril de los bolcheviques rechazó el proyecto a propuesta de Lenin, porque se trataba de una maniobra política del imperialismo alemán, hecha a través de gobiernos socialistas, para obtener condiciones de paz más ventajosas. Únicamente Kámenev apoyó la participación.

El camino a Estocolmo conducía realmente a la Segunda Internacional, lo mismo que la participación en el Preparlamento llevaba a la república burguesa. Lenin optó por boicotear la Conferencia de Estocolmo, como más tarde optó por el boicot al Preparlamento. Incluso cuando la lucha era más enconada, ni por un instante olvidó la tarea de la creación de una nueva Internacional, de una Internacional Comunista.

Ya el 10 de abril Lenin pide el cambio de nombre del partido. Véase cómo aprecia las objeciones que se le hacen: «Es un argumento de rutina, de aletargamiento, de inercia». E insiste: «Ha llegado la hora de quitarse la camisa sucia, ha llegado la hora de ponerse ropa limpia». Sin embargo, la resistencia en las esferas dirigentes fue tan fuerte, que hubo que aguardar un año para que el partido cambiase de nombre y volviese a las tradiciones de Marx y Engels. He aquí un episodio característico de la actuación de Lenin durante todo el año 1917. En el recodo más brusco de la historia, no cesa de encabezar dentro del partido una lucha encarnizada contra el pasado en nombre del futuro. Y en ese momento, el ayer acusa una resistencia extremadamente aguda, y enarbola el estandarte de la tradición.

La sublevación de Kornílov[30] atenuó temporalmente los desacuerdos, aunque no los hizo desaparecer, y produjo una rectificación sensible a nuestro favor. En la derecha,

---

30 Después de la Conferencia de Estado de Moscú el 26 de agosto de 1917, convocada por Kérenski como parte de su política bonapartista de «ampliar la base» del Gobierno Provisional, los elementos más reaccionarios del país prepararon un golpe de Estado contra los sóviets. En su composición, la Conferencia fue profundamente contrarrevolucionaria. Su posición era que el Gobierno Provisional carecía de poder suficiente, implicando por ende que los sóviets tenían demasiado. Las cosas se precipitaron cuando el 2 de septiembre los alemanes desencadenaron su ofensiva en el frente de Dvina y capturaron Riga. Se probó que el frente ruso había sido desguarnecido por Kornílov para crear un ambiente de pánico, favoreciendo la atmósfera necesaria para el golpe militar. El plan consistía en que Kornílov marchara sobre Petrogrado y los cosacos desarmaran a las masas.

se manifestó una tendencia en aquellos días a acercarse a la mayoría soviética sobre la base de la defensa de la revolución y, en parte, de la patria. La reacción de Lenin a esto se expresó en su carta al Comité Central a principios de septiembre:

> Abrigo la convicción profunda de que admitir el punto de vista de la defensa nacional o, como hacen algunos bolcheviques, llegar a formar bloque con los eseristas, llegar a sostener al Gobierno Provisional, supone el error más craso, al tiempo que da prueba de una falta absoluta de principios. No nos convertiremos en defensistas *hasta después* de la toma del poder por el proletariado.

Más adelante añade:

> Ni ahora siquiera debemos apoyar al Gobierno de Kérenski. Sería faltar a los principios. ¿Acaso no hay que combatir a Kornílov?, se nos objetará. Claro que sí; pero entre combatir a Kornílov y apoyar a Kérenski, media una diferencia, existe un límite, y este límite lo franquean algunos bolcheviques cayendo en el *conciliacionismo*, dejándose arrastrar por el torrente de los acontecimientos.

La Conferencia Democrática[31] (14-22 de septiembre) y el Preparlamento al cual dio origen, marcaron una nueva fase en el desarrollo de las divergencias. Mencheviques y

---

Pero el Sóviet de Petrogrado obligó a Kérenski a que dictara una orden de arresto contra Kornílov. Este marchó sobre Petrogrado a fin de establecer una dictadura militar. Las masas se movilizaron inmediatamente y Kornílov fue derrotado. El prestigio de los bolcheviques creció y Trotsky fue elegido presidente del Sóviet de Petrogrado.

31 La Conferencia Democrática fue decidida en los días de la sublevación de Kornílov con el objeto de apuntalar la decreciente autoridad de los partidos conciliadores y justificar su coalición con la burguesía. Fue ideada por Tsereteli como un medio para escindir a los bolcheviques y con la esperanza de que sirviera como contrapeso a los sóviets. En la Conferencia, los

eseristas procuraban atar a los bolcheviques con la legalidad soviética y transformar esta, de manera indolora, en legalidad parlamentaria burguesa. Simpatizaba con semejante táctica la derecha bolchevique. Hemos visto cómo se figuraban los derechistas el desarrollo de la Revolución: los sóviets entregarían progresivamente sus funciones a las instituciones (municipios, *zemstvos*, sindicatos) y al fin vendría la Asamblea Constituyente, lo que anularía a los sóviets. La vía del Preparlamento debía encaminar el pensamiento político de las masas hacia la Asamblea Constituyente, culminación de la revolución democrática. Por entonces los bolcheviques tenían mayoría en los sóviets de Petrogrado y Moscú, y aumentaba por días nuestra influencia en el ejército. Ya no se trataba de pronósticos ni de perspectivas, sino de la elección del camino por el cual iba a ser necesario avanzar sin tardanza.

La conducta de los partidos conciliadores en la Conferencia Democrática fue de una bajeza despreciable. Sin embargo, nuestra propuesta de abandonar ostensiblemente la Conferencia, donde corríamos riesgo de hundirnos, se estrellaba contra una resistencia categórica de los elementos derechistas, que aún influían mucho en la dirección de

---

bolcheviques estaban en minoría, dado que los representantes fueron cuidadosamente seleccionados en los *zemstvos* y otras instituciones burguesas. Los delegados de los sóviets no tenían ningún peso. Trotsky propuso que se transfiriera todo el poder a los sóviets, pero fue derrotado. Antes de disolverse, la Conferencia designó una permanente constituida por el quince por ciento de los representantes de cada grupo, para formar un Consejo de la República o Preparlamento, que funcionaría hasta que se reuniese la Asamblea Constituyente. En una reunión de los delegados bolcheviques, Trotsky propuso boicotear el Preparlamento porque no representaba la verdadera correlación de fuerzas y era una forma de poner en jaque a los sóviets. No consiguió la mayoría, pero Lenin, que estaba en la clandestinidad, apoyó su posición, expresando que el Preparlamento era una «farsa». Fue cuando Lenin escribió: «Trotsky está por el boicot. ¡Bravo, camarada Trotsky!». En la primera sesión del Preparlemento, Trotsky declaró que este estaba en manos de la burguesía y contra la revolución. Finalmente los bolcheviques lo abandonaron, después de leer una declaración, y decidieron convocar el Congreso de los Sóviets.

nuestro partido. Los choques sobre esta cuestión prolongaron la lucha sobre la táctica del boicot al Preparlamento. El 24 de septiembre, o sea, después de la Conferencia Democrática, Lenin escribió:

> Los bolcheviques deberían abandonarlo en señal de protesta, a fin de no caer en la celada de la Conferencia, que procura desviar de las cuestiones serias la atención popular.

A pesar de su ámbito restringido, los debates dentro de la fracción bolchevique en la Conferencia Democrática sobre la cuestión del boicot al Preparlamento tuvieron excepcional importancia. En realidad, la tendencia más amplia de los derechistas era encauzar el partido por la vía del «perfeccionamiento de la libertad democrática». Probablemente no se hizo reseña taquigráfica de estos debates (hasta el presente, que yo sepa, no se ha podido encontrar una sola acta). Al redactar esta recopilación, he descubierto entre mis papeles algunos materiales, parcos en extremo, a tal respecto. Kámenev desarrolló el argumento que, más tarde, de una forma más violenta y más clara, se expuso en la carta de él y Zinóviev a las organizaciones del partido (11 de octubre). Fue Noguin quien planteó la cuestión con mayor lógica. El boicot del Preparlamento, decía, constituye, en sustancia, un llamamiento a la insurrección, es decir, a la repetición de las Jornadas de Julio. Nadie osaría entorpecer la institución misma por el único motivo de ostentar el nombre de Preparlamento.

El concepto esencial de los derechistas era que la revolución llevaba inevitablemente de los sóviets al parlamentarismo burgués, que el Preparlamento representaba una etapa natural de este camino, que no había razón para negarnos a participar en él desde el momento en que nos disponíamos a sentarnos en los escaños de izquierda del Parlamento. Convenía, a su entender, perfeccionar la revolución democrática. Pero, ¿cómo hacerlo? Por la escuela del parlamentarismo burgués, pues los países avanzados son la imagen del desarrollo futuro de los países atrasados.

Se concebía el derrocamiento del zarismo con arreglo a un criterio revolucionario, como se había producido en verdad; pero la conquista del poder por el proletariado se concebía con arreglo a un criterio parlamentario, sobre las bases de la democracia acabada. Entre la revolución burguesa y la revolución proletaria habrían de transcurrir largos años de régimen democrático. La lucha por la participación en él era una lucha por la «europeización» del movimiento obrero, por su canalización lo más rápida posible en el cauce de la «lucha» democrática «por el poder», es decir, en el cauce de la socialdemocracia.

Nuestra fracción en la Conferencia Democrática tenía más de cien miembros y en nada se distinguía, sobre todo en aquella época, de un congreso del partido. Una mitad larga de esta fracción se pronunció por la participación en el Preparlamento. Solo este hecho, ya de por sí, era como para suscitar serias inquietudes y, en efecto, a partir de tal momento, Lenin no cesó de dar la voz de alarma. Por aquel entonces escribió:

> Por nuestra parte, implicaría una falta grave, una manifestación de cretinismo parlamentario, comportarnos respecto a la Conferencia Democrática como respecto a un Parlamento. Porque, aun cuando se proclamara al Parlamento soberano de la revolución, no decidiría nada. La decisión reside fuera de ella, en los barrios obreros de Petrogrado y Moscú.

Sus numerosas declaraciones sobre la participación en el Parlamento demuestran la opinión de Lenin y, en particular, su carta del 29 de septiembre al Comité Central, donde habla de «culpas indignantes de los bolcheviques, como la vergonzosa decisión de participar en el Preparlamento». Para él, esa decisión suponía la manifestación de las ilusiones democráticas y los errores de los pequeños burgueses, contra los que no había cesado de combatir, desarrollando y perfeccionando, en el transcurso de esa lucha, toda su concepción de la revolución proletaria.

No era cierto que debiesen mediar largos años entre la revolución burguesa y la revolución proletaria; no era cierto que la escuela del parlamentarismo constituye la única o la principal escuela preparatoria para la conquista del poder; no era cierto que la vía que llevaba al poder pasara necesariamente por la democracia burguesa. Se trataba de abstracciones inconsistentes, de esquemas doctrinarios, cuyo resultado era encadenar a la vanguardia, hacer de ella, a través del mecanismo estatal «democrático», la sombra política de la burguesía; se trataba de manifestaciones de la socialdemocracia. Era menester no dirigir la política del proletariado según los esquemas escolásticos, sino siguiendo la corriente real de la lucha de clases. No convenía ir al Preparlamento, sino organizar la insurrección y arrancar el poder al adversario. Lo demás vendría por añadidura. Lenin incluso propuso convocar un congreso extraordinario del partido para debatir la cuestión del boicot. Desde entonces, todos sus artículos y cartas desarrollan la idea de que no se debía pasar por el Preparlamento y ponerse a remolque de los conciliadores, sino prepararse para la insurrección y la lucha por el poder.

En vísperas de la insurrección

No hubo necesidad de celebrar el congreso extraordinario. La presión de Lenin logró el necesario giro a la izquierda del Comité Central, así como de la fracción bolchevique del Preparlamento, de donde salieron los bolcheviques el 10 de octubre.

En Petrogrado, se promovió el conflicto del Sóviet con el Gobierno por la cuestión del envío al frente de las unidades de la guarnición que simpatizaban con el bolchevismo. El 16 de octubre se creó el Comité Militar Revolucionario, órgano soviético legal de la insurrección. La derecha del partido se esforzaba por frenar el curso de los acontecimientos. La lucha de tendencias dentro del partido, y de clases dentro del país, entraba en una fase decisiva. En la carta *Acerca del momento actual*, firmada por Kámenev y Zinóviev, es donde mejor se esclarece y argumenta la posición de la derecha. Escrita el 11 de octubre, dos semanas antes de la insurrección, y enviada a las principales organizaciones del partido, esta carta se alza categóricamente contra la decisión del Comité Central concerniente a la insurrección armada.

Poniendo en guardia al partido contra la subestimación de las fuerzas del enemigo, estimando —con un criterio monstruoso— exiguas las fuerzas de la revolución y negando hasta la existencia de un estado de ánimo combativo entre las masas, los firmantes del documento declararon dos semanas antes del 25 de octubre:

> Estamos profundamente convencidos de que proclamar en este momento la insurrección armada no solo es jugarse la suerte de nuestro partido, sino también la de la Revolución rusa e internacional.

Pero, ¿cuál era la alternativa a la insurrección y la toma del poder? La carta responde con bastante claridad: «Por medio del ejército y por medio de los obreros, tenemos un revólver apoyado contra la sien de la burguesía», que bajo esta amenaza no podría impedir la convocatoria de la Asamblea Constituyente.

> Nuestro partido dispone de las mayores probabilidades en las elecciones de la Asamblea Constituyente (...). Aumenta la influencia del bolchevismo (...). Con una táctica justa, podremos obtener, por lo menos, la tercera parte de los escaños de la Asamblea Constituyente.

Así pues, según esta carta, el partido debía desempeñar el papel de oposición «influyente» en la Asamblea Constituyente burguesa. Este concepto socialdemócrata se hallaba atenuado hasta cierto punto por las consideraciones siguientes:

> No podrán abolirse los sóviets, que se han tornado en un elemento constitutivo de nuestra vida (...). Solo sobre los sóviets podrá apoyarse la Asamblea Constituyente en su faena revolucionaria. La Asamblea Constituyente y los sóviets componen el tipo combinado de instituciones estatales hacia el cual nos orientamos.

Anotemos un hecho curioso que caracteriza bien la línea general de los derechistas. Año y medio más tarde,

Rudolf Hilferding, quien también luchaba contra la toma del poder por el proletariado, adoptó en Alemania la teoría del poder estatal «combinado», la alianza de la Asamblea Constituyente con los sóviets. No sospechaba entonces el oportunista austro-alemán que cometía un plagio.

La carta *Acerca del momento actual* niega que tuviéramos ya de nuestra parte a la mayoría del pueblo en Rusia, sin tener en cuenta más que la mayoría parlamentaria:

> En Rusia tenemos de nuestra parte a la mayoría de los obreros y a una fracción importante de los soldados, pero es dudoso todo lo demás. Por ejemplo, estamos persuadidos de que, si se efectúan las elecciones a la Asamblea Constituyente, la mayoría de los campesinos votará por los eseristas. ¿Se trata de un fenómeno fortuito?

Esta manera de plantear la cuestión comporta un error radical. No se comprende que la masa campesina puede tener intereses revolucionarios poderosos y un deseo intenso de satisfacerlos, pero no puede tener una posición política independiente. En suma, ha de votar por la burguesía al dar sus votos a los eseristas, o ha de alinearse de manera activa con el proletariado. Pues bien: de nuestra política dependía la realización de una u otra eventualidad. Si fuéramos al Preparlamento para desempeñar el papel de oposición en la Asamblea Constituyente, casi de modo automático dejaríamos a los campesinos en trance de tener que buscar la satisfacción de sus intereses por medio de la Asamblea Constituyente, o sea por medio de la mayoría en la Asamblea, y no de la oposición. En cambio, la toma del poder por el proletariado creaba inmediatamente el marco revolucionario para la lucha de los campesinos contra los terratenientes y los funcionarios.

Empleando nuestras expresiones habituales, diré que en tal carta hay al mismo tiempo una «subestimación» y una «sobrestimación» de la masa campesina: subestimación de sus posibilidades revolucionarias (bajo la dirección del proletariado) y sobrestimación de su independencia política. A su vez, esta doble falta surge de una subestimación de la fuerza proletaria y de su partido, o sea, de una concepción socialdemócrata del proletariado. No hay en ello nada que sorprenda. Todos los matices del oportunismo se sustentan a la postre en una apreciación equivocada de las fuerzas revolucionarias y de las posibilidades del proletariado.

Al combatir la idea de la toma del poder, los autores de la carta procuran asustar al partido con las perspectivas de una guerra revolucionaria:

> No nos sostiene la masa de soldados por la consigna de la guerra, sino por la consigna de la paz (...). Si, después de tomar el poder, necesitáramos, dada la situación mundial, afrontar una guerra revolucionaria, la masa de soldados se alejaría de nosotros. Claro que con nosotros permanecerían los mejores de los soldados jóvenes, pero la masa nos abandonaría.

Esta argumentación es de lo más instructiva. En ella se hallan las razones fundamentales que militaron más tarde en favor de concertar la paz de Brest-Litovsk,[32] aunque

---

32 Tratado de Brest-Litovsk: Tratado de paz que el gobierno bolchevique firmó con Alemania y Austria-Hungría el 3 de marzo de 1918. La delegación soviética encargada de las negociaciones estuvo encabezada inicialmente por Adolf Ioffe y después por León Trotsky.

Las negociaciones de paz provocaron una grave crisis política en el gobierno soviético y en la dirección del partido bolchevique. Los eseristas de izquierda, que habían formado una precaria alianza con los bolcheviques, las utilizaron como excusa para abandonar el gobierno, llamar a la «guerra revolucionaria» contra Alemania y lanzar una intentona insurreccional para deponer a los bolcheviques, que fracasó rápidamente.

En la dirección bolchevique, la paz con Alemania provocó la formación de tres bloques: el encabezado por Lenin, que abogaba por la firma inmediata de la paz, al estimar que la desmoralización de las tropas rusas haría imposible una resistencia seria en caso de una ofensiva alemana, lo cual pondría en peligro la revolución; para Lenin, cualquier concesión

en aquel momento iban dirigidas contra la toma del poder. No cabe duda de que la posición adoptada en tal carta favorecía singularmente, por cuenta de sus autores y de sus partidarios, la aceptación de la paz de Brest. Nos queda por repetir aquí lo que sobre el particular hemos dicho en otra parte: que no es la capitulación de Brest por sí misma lo que caracteriza el genio político de Lenin, sino la alianza de Octubre y de Brest. Conviene no olvidarlo.

La clase obrera lucha y madura con la conciencia de que su adversario es más fuerte que ella. Así lo observa de continuo en la vida corriente. El adversario tiene riqueza, poder estatal, todos los medios de presión ideológica y todos los instrumentos de represión. Forma parte integrante de la vida y de la actividad de un partido revolucionario, en su época preparatoria, la costumbre de pensar que el enemigo nos aventaja en fuerza. Además, le recuerdan de modo brutal, a cada instante, la fuerza de su enemigo, las consecuencias de los actos imprudentes o prematuros a los cuales pueda dejarse arrastrar el partido. Pero llega

---

territorial era mejor que aceptar la pérdida del poder, y permitiría ganar tiempo mientras no llegaba la revolución alemana. El segundo bloque estaba liderado por Trotsky, quien, entendiendo y respaldando las ideas y argumentos de Lenin, veía la posibilidad de prolongar las negociaciones y utilizarlas para realizar propaganda revolucionaria entre los obreros de Alemania y Austria, desnudando las maniobras imperialistas; su postura se resumía en la consigna «Ni paz ni guerra». El tercer bloque eran los «comunistas de izquierda», entre los que se encontraban dirigentes de la talla de Bujarin, Preobrazhenski, Búbnov, Uritski o Piatakov, que abogaban por la guerra revolucionaria contra Alemania, no solo como estrategia defensiva, sino como desencadenante de la revolución en Europa. Esta fracción rechazó la postura de Lenin y publicó su propio periódico.

El debate dejó constancia de la libertad de opinión y la democracia interna que existieron en el seno del partido bolchevique mientras Lenin estuvo al frente, algo diametralmente opuesto a lo que ocurriría posteriormente con Stalin. Cuando el comité central decidió aceptar el punto de vista de Lenin, ya con el pleno apoyo de Trotsky, y el 3 de marzo se firma el tratado de Brest-Litovsk, los «comunistas de izquierda» dimitieron de todos sus cargos y recobraron su libertad de agitación dentro y fuera del partido.

un momento en que este hábito de considerar más poderoso al adversario se convierte en el principal obstáculo para la victoria. Hasta cierto punto, se disimula hoy la debilidad de la burguesía a la sombra de su fuerza de ayer. «¡Subestimáis las fuerzas del enemigo!». He aquí en lo que coinciden todos los elementos hostiles a la insurrección armada.

> Cuantos no quieran simplemente disertar sobre la insurrección —escribían los derechistas dos semanas antes de la victoria— deben sopesar con frialdad sus probabilidades. Y nosotros creemos que es un deber, sobre todo en el momento presente, decir que subestimar las fuerzas del adversario y sobrestimar las propias sería de lo más perjudicial. Las del enemigo son mayores de lo que parecen. Petrogrado decidirá el resultado de la lucha. Pero en Petrogrado han acumulado fuerzas considerables los enemigos del partido proletario: cinco mil *junkers*[33] muy bien armados y organizados a la perfección, que saben batirse y lo desean con ardor; amén de ellos, el Estado Mayor, los destacamentos de choque, los cosacos, una fracción importante de la guarnición y, por último, gran parte de la artillería, dispuesta en abanico alrededor de la capital. Además, con la ayuda del Comité Ejecutivo Central es casi seguro que nuestros adversarios intentarán traer tropas del frente *(Acerca del momento actual)*.

En la guerra civil, por supuesto, cuando no se trata solo de contar los batallones, sino de evaluar su grado de conciencia, nunca es posible llegar a una exactitud perfecta. El

---

33 *Junkers:* En sus orígenes constituían la aristocracia terrateniente prusiana y nutrieron a los sectores más acomodados de la pequeña burguesía. Eran la sección más reaccionaria del ejército y el Estado alemán, y jugaron un papel decisivo en las guerras imperialistas y en la contrarrevolución. Se hace aquí una analogía con las fuerzas reaccionarias rusas que combatieron a los bolcheviques.

propio Lenin estimaba que el enemigo tendría fuerzas importantes en Petrogrado, y proponía empezar la insurrección en Moscú, donde, según él, debería realizarse sin derramamiento de sangre. Fallos de este tipo en las previsiones, aun en las condiciones más propicias, son inevitables, y siempre resulta más racional afrontar la hipótesis menos grata. Pero lo que por el momento nos interesa es el hecho de la formidable sobrestimación de las fuerzas del enemigo, la deformación completa de todas las proporciones, cuando el enemigo no disponía, en realidad, de ninguna fuerza armada.

Conforme ha demostrado la experiencia en Alemania, esta cuestión tiene una importancia inmensa. Para los dirigentes del Partido Comunista Alemán (KPD) la consigna de la insurrección era principalmente, sino exclusivamente, un medio de agitación; no pensaban en las fuerzas armadas del enemigo (ejército, destacamentos fascistas, policía). Se les antojaba que el flujo revolucionario, que crecía sin cesar, resolvería por sí solo la cuestión militar. Pero cuando se encontraron cara a cara frente al problema, los mismos compañeros que en cierto modo habían considerado inexistente la fuerza armada del enemigo, cayeron de golpe en el otro extremo: comenzaron a aceptar de buena fe cuantas cifras se les suministraban acerca de las fuerzas armadas de la burguesía, las sumaron con cuidado a las fuerzas del ejército y de la policía, redondearon el total hasta llegar a más de medio millón, y así se encontraron con que ante ellos tenían un ejército compacto, armado hasta los dientes, suficiente para paralizar sus esfuerzos.

Resulta incontestable que las fuerzas de la contrarrevolución alemana eran más considerables, y en cualquier caso estaban mejor organizadas y mejor preparadas que las de nuestros kornilovianos y semikornilovianos, pero también las fuerzas activas de la revolución alemana eran diferentes de las nuestras. El proletariado en Alemania representa la mayoría aplastante de la población. Entre nosotros, al menos en la etapa inicial, decidían la cuestión Petrogrado y Moscú. En Alemania, la insurrección habría tenido al menos diez poderosas plazas proletarias. Si los dirigentes del Partido Comunista Alemán hubieran pensado en ello, las fuerzas armadas del enemigo les habrían parecido mucho menos importantes que en sus evaluaciones estadísticas, infladas hasta la hipérbole. De todos modos, conviene rechazar categóricamente las evaluaciones tendenciosas que se han hecho y continúan haciéndose después del fracaso de octubre en Alemania con objeto de justificar la política que condujo a él.

A tal respecto, tiene una importancia excepcional nuestro ejemplo ruso. Dos semanas antes de nuestra victoria en Petrogrado, sin efusión de sangre —victoria que de igual forma podíamos haber conseguido dos semanas antes—, políticos expertos del partido veían erguirse frente a nosotros una multitud de enemigos: los *junkers* que sabían y deseaban batirse, los batallones de choque, los cosacos, una parte considerable de la guarnición, la artillería dispuesta en abanico alrededor de la capital, las tropas traídas del frente. En realidad no había nada, nada en absoluto. Supongamos ahora por un instante que los adversarios de la insurrección hubieran tenido la supremacía en el partido y el Comité Central. Si Lenin no hubiera apelado al partido contra el Comité Central, lo cual se disponía a hacer y de seguro hubiese hecho con éxito, entonces la Revolución habría estado condenada a la ruina. Pero no todos los partidos tendrán a su disposición un Lenin cuando se encuentren frente a una situación análoga. No es difícil figurarse cómo se habría escrito la historia si hubiera triunfado en el Comité Central la tendencia a eludir la batalla. A no dudar, los historiadores oficiales hubiesen representado la situación de modo que mostrara hasta qué punto habría sido una locura la insurrección de octubre de 1917, sirviendo al lector estadísticas fantásticas sobre el número de *junkers*, cosacos, destacamentos de choque, artillería «dispuesta en abanico» y cuerpos de Ejército procedentes del frente. Sin haberlas comprobado realmente durante la insurrección, esas fuerzas parecerían mucho más amenazadoras de lo que en realidad eran. ¡He aquí la lección que conviene grabar a fuego en la conciencia de cada revolucionario!

La presión insistente, continua, incansable, de Lenin sobre el Comité Central a lo largo de septiembre y octubre, obedeció al temor de que dejáramos pasar el momento. «¡Bah! Así aumentará nuestra influencia», contestaban los derechistas. ¿Quién tenía razón? ¿Y qué significa dejar pasar el momento? Ahora abordamos la cuestión en que la apreciación bolchevique, activa, estratégica, de las vías y los métodos de la revolución está en más clara pugna con la apreciación socialdemócrata, menchevique, impregnada de fatalismo. ¿Qué significa dejar pasar el momento? Evidentemente, el momento cuando más nos favorece la correlación de fuerzas es también el más favorable para la insurrección. Huelga matizar que se trata de la correlación de fuerzas en el terreno de la conciencia, es decir, de la superestructura política, y no de la base que se puede considerar más o menos constante para toda la época de la revolución. Sobre una sola y misma base económica, con la misma diferenciación de clases de la sociedad, la correlación de fuerzas varía según el estado de ánimo de las masas proletarias, el derrumbe de sus ilusiones, la acumulación de experiencia política, la pérdida de confianza de las clases y grupos intermedios en el poder estatal o el debilitamiento de la confianza que en sí mismo tenga el citado poder. En tiempos de revolución estos procesos se producen con rapidez. Todo el arte de la táctica consiste en aprovechar el momento en que la combinación de condiciones sea más propicia. El intento de golpe de Estado de Kornílov había preparado, en definitiva, tales condiciones. Las masas habían visto con sus propios ojos el peligro de la contrarrevolución y, habiendo perdido la confianza en los partidos mayoritarios en el sóviet, consideraron que le tocaba el turno a los bolcheviques para buscar una salida a la situación. La disgregación del poder estatal y la afluencia espontánea de confianza impaciente y exigente de las masas a los bolcheviques no durarían mucho. La crisis debía resolverse de una manera u otra.

«¡Ahora o nunca!», repetía Lenin, a lo que los derechistas replicaban:

> Es un profundo error histórico plantear la cuestión del paso del poder a las manos del partido proletario con el dilema de «ahora o nunca». Porque el partido del proletariado aumentará, y su programa se volverá cada vez más claro para masas cada vez más numerosas (...). Tomando la iniciativa de la insurrección en las circunstancias actuales, podría interrumpirse la sucesión de sus éxitos (...). Os ponemos en guardia contra esta política funesta (*Acerca del momento actual*).

Este optimismo fatalista exige un estudio atento. No tiene nada de nacional, menos aún de personal. Sin ir más lejos, el año pasado observamos en Alemania la misma tendencia. En el fondo, son la irresolución e incluso la incapacidad de acción las que se disimulan tras este fatalismo expectante; pero se enmascaran con un pronóstico consolador, arguyendo que nos volvemos más influyentes cada vez, que nuestra fuerza aumenta con el tiempo. Craso error. La fuerza de un partido revolucionario solo se acrecienta hasta un momento dado, después del cual puede declinar. Ante la pasividad del partido, las esperanzas de las masas dan paso a la desilusión, de la que saca ventaja el enemigo, que entretanto se repone de su pánico. A un cambio tal hemos asistido en Alemania en octubre de 1923. Tampoco en Rusia estuvimos muy lejos de él en el otoño de 1917. Para que se materializase, quizá habrían bastado algunas semanas. Tenía razón Lenin: «¡Ahora o nunca!».

Pero —decían los adversarios de la insurrección, formulando así su último y principal argumento— la cuestión decisiva está en saber si el estado de ánimo de los obreros y soldados de la capital llega de veras al extremo de que estos ya no vean más salvación que la batalla callejera, de que la quieran a todo trance. Y no existe tal estado de ánimo (...). La existencia de un estado de ánimo combativo que incitara a echarse a la calle a las masas de la población pobre de la capital sería una garantía de que, si estas masas tomaran la iniciativa de la intervención, arrastrasen consigo organismos más considerables y más importantes (sindicato de ferroviarios, de Correos y Telégrafos, etc.), en los cuales la influencia de nuestro partido es débil. Pero, como ni siquiera existe tal estado de ánimo en las fábricas y los cuarteles, constituiría un engaño utilizarlo de base para edificar planes (*Acerca del momento actual*).

Estas líneas, escritas el 11 de octubre, adquieren una importancia de excepcional actualidad si se recuerda que, para explicar la retirada sin combate del año pasado, también los compañeros alemanes que dirigían el partido alegaron que las masas no querían batirse. Pero hay que comprender que, en general, la victoria de la insurrección está más asegurada cuando las masas ya son lo bastante expertas como para no lanzarse a tontas y locas a la batalla, y aguardan, exigen, una dirección combativa, resuelta e inteligente. En octubre de 1917, instruidas por la intervención de abril, las Jornadas de Julio y la sublevación de Kornílov, las masas obreras, o al menos su vanguardia, comprendían perfectamente que ya no se trataba de protestas espontáneas parciales ni de reconocimientos, sino de la insurrección decisiva para la toma del poder. Por ende, su estado de ánimo se había vuelto más reconcentrado, más crítico, más razonado.

El tránsito de la espontaneidad confiada y llena de ilusiones a una conciencia más crítica engendra inevitablemente una crisis revolucionaria. Esta crisis progresiva en el estado de ánimo de las masas no puede superarse a no ser con una política apropiada del partido, lo cual equivale a decir con su deseo y su capacidad verdadera de dirigir la insurrección del proletariado. Por el contrario, un partido que durante largo tiempo ha conducido una agitación revolucionaria, arrancando poco a poco al proletariado de la influencia de los conciliadores, si comienza a titubear, a buscar subterfugios, a tergiversar y a dar rodeos después de que la confianza de las masas le ha constreñido al camino de los hechos, provoca en estas la decepción y la desorganización, pierde la revolución. En cambio, se asegura la posibilidad de alegar, tras el fracaso, la falta de actividad de las masas. Hacia ese camino empujaba a nuestra organización la carta *Acerca del momento actual*. Por fortuna, el partido, bajo la dirección de Lenin, liquidó con actitud resuelta tal estado de ánimo en los círculos dirigentes, y solo gracias a ello fue capaz de llevar la revolución al triunfo.

Las semanas decisivas de la insurrección

Ahora que hemos caracterizado la esencia de las cuestiones políticas ligadas a la preparación de la Revolución de Octubre y que hemos intentado esclarecer el sentido profundo de las divergencias en nuestro partido, nos resta examinar brevemente los momentos más importantes de la lucha que dentro del mismo se produjo en el transcurso de las últimas semanas, de las semanas decisivas.

El Comité Central aprobó, el 10 de octubre, la decisión de proceder a la insurrección armada. El 11 se envió a las principales organizaciones del partido la carta *Acerca del momento actual*. Una semana antes de la revolución, Kámenev publicó otra carta en *Novaya Zhizn*.

> No solo Zinóviev y yo, sino una porción de compañeros, estimamos que sería un acto inadmisible, funesto para el proletariado y la revolución, tomar la iniciativa de la insurrección armada en el momento presente, con la correlación actual de fuerzas, independientemente del Congreso de los Sóviets y días antes de su convocatoria.[34]

El 25 de octubre el poder estaba conquistado y el gobierno soviético constituido en Petrogrado. El 4 de noviembre, varios militantes eminentes presentaron su dimisión del

---

34 *Novaya Zhizn,* 18 de octubre de 1917.

Comité Central y del Consejo de Comisarios del Pueblo, exigiendo la creación de un gobierno de coalición entre todos los partidos del Sóviet y contra «el mantenimiento de un gobierno puramente bolchevique a través del terror político». Y añadían en otro documento de la misma fecha:

> No podemos asumir la responsabilidad de la funesta política practicada por el Comité Central contra la voluntad de una parte inmensa del proletariado y de los soldados, que desean cese lo más pronto posible la efusión de sangre entre las diferentes fracciones de la democracia. Por eso presentamos nuestra dimisión como miembros del Comité Central, para tener derecho a exponer sinceramente nuestra opinión a la masa de obreros y soldados, y exhortarlos a suscribir nuestra divisa: «¡Viva el gobierno de todos los partidos del Sóviet! ¡Acuerdo inmediato sobre esta base!».[35]

Así pues, quienes habían combatido la insurrección armada y la conquista del poder como una aventura, intervinieron, después de la victoria de la insurrección, para que se le restituyese el poder a aquellos partidos a los que se lo arrebató el proletariado. ¿Por qué razón debiera el Partido Bolchevique victorioso devolver el poder —ya que de una restitución del poder se trataba— a los mencheviques y a los eseristas? La oposición respondía:

> Consideramos necesaria la creación de tal gobierno para prevenir toda ulterior efusión de sangre, el hambre amenazadora, el aplastamiento de la Revolución por los partidarios de Kaledin; para garantizar la convocatoria de la Asamblea Constituyente en la fecha fijada y la realización efectiva del programa de paz adoptado por el Congreso Panruso de los Sóviets de Diputados Obreros y Soldados.

---

35 *Insurrección de Octubre, Archivos de la Revolución*, 1917. (Nota del Autor)

En otras palabras, se trataba de salir por la puerta soviética hacia el camino del parlamentarismo burgués. Después de haberse negado la Revolución a pasar por el Preparlamento y de haberse afianzado merced a Octubre, se imponía la tarea de salvarla de la dictadura, según la oposición, canalizándola en el régimen burgués con el concurso de los mencheviques y los eseristas. Se trataba, ni más ni menos, que de la liquidación de Octubre. Evidentemente, ni hablar de un acuerdo en tales condiciones.

Al día siguiente, 5 de noviembre, aún apareció otra carta donde se reflejaba la misma tendencia:

> No puedo, en nombre de la disciplina de partido, callar cuando, en contra del buen sentido y a despecho de la situación, unos marxistas no quieren tener en cuenta las condiciones efectivas que nos dictan imperiosamente el acuerdo con todos los partidos socialistas (...). No puedo, en nombre de la disciplina de partido, entregarme al culto a la personalidad, hacer depender de la participación anterior de tal o cual persona en el ministerio un acuerdo político con todos los partidos socialistas, acuerdo que consolidaría nuestras reivindicaciones fundamentales, y prolongar así, aunque no sea más que por un instante, la efusión de sangre.[36]

El autor de esta carta, Lozovski, concluye proclamando la necesidad de luchar por un congreso del partido a fin de decidir «si el Partido Obrero Socialdemócrata de Rusia (bolchevique) seguirá siendo el partido marxista de la clase obrera, o si se adentrará en definitiva por una vía sin nada en común con el marxismo revolucionario».

En efecto, la situación parecía desesperada. No solo la burguesía y los terratenientes, no solo la «democracia revolucionaria», en cuyas manos se hallaban todavía numerosos

---

36 *Rabochaya Gazeta,* 5 de noviembre de 1917.

organismos (Sóviet Panruso de Ferroviarios, sóviets de soldados, de funcionarios, etc.), sino también militantes influyentes de nuestro propio partido, miembros del Comité Central y del Consejo de Comisarios del Pueblo, condenaban públicamente la tentativa del partido de permanecer en el poder para realizar su programa. En un examen superficial la situación podía parecer desesperada. Aceptar las reivindicaciones de la oposición significaba liquidar Octubre. Pero entonces no valía la pena haber llevado a cabo la Revolución. Solo había un camino: seguir adelante, contando con la voluntad revolucionaria de las masas.

El 7 de octubre *Pravda* publicó una declaración categórica del Comité Central, escrita por Lenin, que destilaba entusiasmo revolucionario y explicaba fórmulas claras, sencillas, indiscutibles, con destino a la base del partido. Este llamamiento disipó definitivamente todas las dudas sobre la política ulterior del partido y de su Comité Central:

> ¡Vergüenza para todos los hombres de poca fe, para cuantos dudan, para cuantos se han dejado asustar por la burguesía o por los clamores de sus auxiliares directos o indirectos! No hay ni sombra de vacilación en las masas de obreros y soldados de Petrogrado, Moscú, etc. Como un solo hombre, nuestro partido monta guardia alrededor del poder soviético, vela por los intereses de todos los trabajadores, y, en primer lugar, de los obreros y campesinos pobres.[37]

La crisis más aguda del partido estaba dominada. Sin embargo, las luchas intestinas aún no cejaban y continuaban desarrollándose en la misma línea, pero cada vez con menor importancia política.

---

37 *Pravda,* 20 de noviembre de 1917.

Encontramos un testimonio de extremado interés en una memoria presentada por Uritski en la sesión de nuestro Comité de Petrogrado el 12 de diciembre, respecto a la convocatoria de la Asamblea Constituyente:

> No son nuevas las divergencias dentro de nuestro partido. Siguen la misma corriente iniciada con anterioridad a propósito de la cuestión de la insurrección. Ahora, ciertos compañeros consideran la Asamblea Constituyente como la culminación de la revolución. Razonan como pequeño-burgueses, piden que no cometamos faltas de tacto, etc., y no quieren que los bolcheviques de la Asamblea Constituyente decidan sobre su convocatoria, su relación de fuerzas, etc. Estiman las cosas desde un punto de vista meramente formal; no comprenden que los datos de nuestra inspección nos permiten ver lo que ocurre alrededor de la Constituyente y, en consecuencia, determinar nuestra actitud respecto a ella (...). Ahora luchamos por los intereses del proletariado y de los campesinos pobres; pero algunos compañeros consideran que hacemos una revolución burguesa, que debe ser coronada por la Asamblea Constituyente.

La disolución de esta marcó el fin de una etapa importante en la historia de Rusia y de nuestro partido. Después de obviar las resistencias internas, el proletariado no solo se había apoderado del poder, sino que lo conservaba.

La insurrección de Octubre y la «legalidad» soviética

En septiembre, durante los días de la Conferencia Democrática, Lenin exigía la insurrección inmediata:

> Y para enfocar la insurrección al estilo marxista, es decir, como un arte, debemos, al mismo tiempo y sin perder un minuto, organizar *un Estado Mayor* de los destacamentos de insurgentes, distribuir las fuerzas, lanzar los regimientos de confianza contra los puntos más importantes, cercar el Teatro de Alejandro y tomar la Fortaleza de Pedro y Pablo, detener al Estado Mayor General y al Gobierno y enviar contra los oficiales militares y contra la «división salvaje» tropas dispuestas a morir antes que permitir al enemigo abrirse paso hacia los centros de la ciudad; debemos movilizar a los obreros armados, llamándoles a una lucha desesperada, a la lucha final; debemos ocupar inmediatamente las centrales de telégrafos y de teléfonos, instalar *nuestro* Estado Mayor de la insurrección junto a la central de teléfonos y ponerle en contacto con todas las fábricas, todos los regimientos, todos los puntos en que se desarrolle la lucha armada, etc.
>
> Todo esto es, claro está, solo *un ejemplo* de que en los momentos actuales es imposible mantenerse fiel al marxismo, a la revolución, *sin considerar la insurrección como un arte*.[38]

---

38 Lenin, *El marxismo y la insurrección. Carta al Comité Central del POSDR(b)*, 13-14 de septiembre de 1917. *Op. cit.*, volumen 3, pp. 184-85.

Esta manera de juzgar las cosas presuponía la preparación y la ejecución del movimiento insurreccional por medio del partido y bajo su dirección, debiendo luego sancionar la victoria el Congreso de los Sóviets. El Comité Central no aceptó tal propuesta. Se ligó la insurrección al II Congreso de los Sóviets. Esta divergencia exige una explicación especial. Naturalmente no es una cuestión de principios, sino una mera cuestión técnica, aunque de gran importancia práctica.

Ya hemos hablado sobre cuánto temía Lenin dejar pasar la oportunidad para la insurrección. Ante los titubeos que se manifestaban por parte de las eminencias del partido, ligar formalmente la insurrección a la convocatoria del II Congreso de Sóviets le parecía un retraso inadmisible, una concesión a la vacilación y a los vacilantes, una pérdida de tiempo, un verdadero crimen. Desde finales de septiembre reiteró muchas veces este pensamiento. El 29 de septiembre escribía:

> Existe en el Comité Central y entre los dirigentes del partido una tendencia, una corriente, a favor de esperar al Congreso de los Sóviets y contra la toma inmediata del poder, contra la insurrección inmediata. Es menester combatir esta tendencia, esta corriente.

A comienzos de octubre, todavía escribe: «Esperar es un crimen; aguardar al Congreso de los Sóviets es un formalismo infantil y absurdo, una traición a la revolución». En sus tesis para la Conferencia de Petrogrado del 8 de octubre afirma:

> Hay que luchar contra las ilusiones constitucionalistas y las esperanzas en el Congreso de los Sóviets; hay que renunciar a la intención de aguardar, cueste lo que cueste, a ese Congreso.

El 24 de octubre, finalmente, escribe:

Cualquier retraso en la insurrección equivale ahora a la muerte (...). La Historia no perdonará un retraso a los revolucionarios que pueden vencer hoy (y vencerán, seguro), pero que corren el riesgo de perderlo todo si aguardan a mañana.

Todas estas cartas, donde cada frase estaba forjada sobre el yunque revolucionario, presentan un interés excepcional para caracterizar a Lenin y apreciar el momento. Las inspira el sentimiento de la indignación contra la actitud fatalista, expectante, socialdemócrata, menchevique, respecto a la revolución, considerada una especie de película sin fin. Si en general el tiempo es un factor importante en política, su importancia se centuplica en época de guerra o de revolución. No hay certeza de que mañana sea posible lo que hoy sí lo es. Hoy es posible sublevarse, derribar al enemigo, tomar el poder, y mañana quizá sea imposible. Pero tomar el poder supone modificar el curso de la Historia. ¿Es concebible que tamaño acontecimiento pueda depender de un intervalo de veinticuatro horas? Claro que sí. Cuando se trata de la insurrección armada, no se miden los acontecimientos por el kilómetro de la política, sino por el metro de la guerra. Dejar pasar algunas semanas, algunos días, a veces un solo día sin más, equivale, en ciertas condiciones, a la rendición de la revolución, a la capitulación. Sin las presiones, las críticas y las desconfianzas revolucionarias de Lenin, es verosímil que el partido no habría enderezado su línea en el momento decisivo, porque la resistencia en las altas esferas del mismo era muy fuerte, y en la guerra civil, como en la guerra en general, el Estado Mayor desempeña siempre un papel de primer orden.

Pero, al mismo tiempo, es evidente que, para organizar la insurrección, la preparación del II Congreso de los Sóviets y la consigna de la defensa de dicho congreso nos conferían ventajas inestimables. A partir del momento en que anulamos desde el Sóviet de Petrogrado la orden de Kérenski para enviar dos tercios de la guarnición al frente, nos hallábamos de hecho en estado de insurrección armada. Lenin, que a la sazón se encontraba fuera de Petrogrado, no apreció esta realidad en toda su trascendencia. Por lo que recuerdo, no habló de ella en sus cartas de entonces. Pero el resultado final de la insurrección del 25 de octubre ya estaba predeterminado, al menos en sus tres cuartas partes, desde el instante en que nos opusimos al alejamiento de la guarnición de Petrogrado, creamos el Comité Militar Revolucionario (7 de octubre) y nombramos comisarios nuestros en todas las unidades e instituciones militares, con lo que aislamos por completo al Estado Mayor de la circunscripción militar de la capital y del Gobierno. En resumen, teníamos una insurrección armada —aunque sin derramamiento de sangre— de los regimientos de Petrogrado contra el Gobierno Provisional bajo la dirección del Comité Militar Revolucionario y con la consigna de la preparación de la defensa del II Congreso de los Sóviets, que debía resolver la cuestión del poder.

Si Lenin aconsejó que la insurrección comenzara en Moscú, donde según él triunfaría sin efusión de sangre, fue porque, desde su refugio, no tenía posibilidades de darse cuenta del cambio radical que se había operado, no solo en el estado de ánimo, sino también en las relaciones orgánicas en toda la jerarquía militar tras la sublevación «pacífica» de la guarnición de la capital a mediados de octubre. Desde que, por orden del Comité Militar Revolucionario, los batallones se negaron a abandonar la ciudad, teníamos en la capital una insurrección victoriosa, apenas velada por los últimos jirones del Estado democrático burgués. La insurrección del 25 de octubre revistió un simple carácter complementario. Por eso fue tan indolora.

En Moscú, por el contrario, la lucha fue mucho más larga y sangrienta, aunque ya estuviese instaurado en

Petrogrado el poder del Consejo de Comisarios del Pueblo. Se impone la evidencia de que, si la insurrección hubiera comenzado en Moscú antes que en Petrogrado, habría sido más larga y, su éxito, muy dudoso. Porque su fracaso en Moscú tendría en Petrogrado una grave repercusión. Por supuesto, incluso con el plan de Lenin, la victoria no era imposible, pero resultó mucho más económico, mucho más ventajoso, el curso que siguieron los acontecimientos, deparando una victoria más completa.

Aprovechamos la coyuntura haciendo coincidir de modo más o menos exacto la toma del poder con el II Congreso de Sóviets, únicamente porque ya era un hecho consumado en sus tres cuartas partes, cuando no en sus nueve décimas, la insurrección armada *silenciosa*, casi *legal*, en Petrogrado al menos. Esta insurrección era *legal* en el sentido de que surgió de las condiciones *normales* del doble poder. Ya había ocurrido muchas veces que el Sóviet de Petrogrado, hasta cuando estaba en manos de los conciliadores, controlaba o modificaba las decisiones del Gobierno. Era una manera de corresponder por entero a la constitución del régimen que la historia conocía con el nombre de kerenskismo.

Cuando los bolcheviques obtuvimos la mayoría en el Sóviet de Petrogrado, no hicimos más que continuar y acentuar los métodos del doble poder. Nos encargamos de controlar y revisar la orden del envío de la guarnición al frente. Así encubrimos con las tradiciones y los procedimientos de la dualidad de poderes la insurrección efectiva de la guarnición de Petrogrado. Más aún: uniendo en nuestra agitación la cuestión del poder y la convocatoria del II Congreso de los Sóviets, desarrollamos y profundizamos las tradiciones de ese doble poder y preparamos el terreno de la legalidad soviética para la insurrección bolchevique en toda Rusia.

No arrullábamos a las masas con ilusiones constitucionalistas soviéticas, porque, tras la consigna de la lucha por el II Congreso, ganábamos para nuestra causa y agrupábamos a las fuerzas del ejército revolucionario. A la vez conseguimos, en mucha mayor escala de lo que esperábamos, atraer a nuestros enemigos, los conciliadores, a la celada de la legalidad soviética. Políticamente, siempre es peligroso valerse de astucias, sobre todo en época de revolución, pues resulta difícil engañar al enemigo y se corre el riesgo de inducir a error a las masas que nos siguen. Si prosperó por completo nuestra *astucia*, fue porque no era una invención artificial de un estratega ingenioso y deseoso de evitar la guerra civil, sino porque se desprendía por sí misma de la descomposición del régimen conciliador y de sus contradicciones flagrantes. El Gobierno Provisional quería desembarazarse de la guarnición. Los soldados no querían ir al frente. A este sentimiento natural le dimos una expresión política, un móvil revolucionario, una apariencia *legal*. Con ello nos aseguramos la unanimidad en el seno de la guarnición y ligamos estrechamente esta última a los obreros de Petrogrado. En cambio, dadas su situación desesperada y su pusilanimidad, nuestros enemigos se inclinaban a tomar como artículo de fe tal legalidad. Querían ser engañados, y les suministramos la oportunidad ampliamente.

Entre nosotros y los conciliadores se daba una lucha por la legalidad soviética. Para las masas, los sóviets eran la fuente del poder. De ellos habían salido Kérenski, Tsereteli, Skobelev. Pero también nosotros estábamos estrechamente ligados a los mismos por nuestra consigna fundamental: «Todo el poder a los sóviets». La burguesía se identificaba con la Duma del Imperio; los conciliadores, con los sóviets, pero pretendían reducir el papel de estos a la nada. De ellos procedíamos también nosotros, aunque para transmitirles el poder. Los conciliadores no querían romper con tales lazos, de modo que se apresuraron a tender un puente entre la legalidad soviética y el parlamentarismo. A este efecto convocaron la Conferencia Democrática y crearon el Preparlamento. La participación de los sóviets en el Preparlamento sancionaba hasta cierto punto su acción.

Los conciliadores trataban de embaucar la revolución con el señuelo de la legalidad soviética para encauzarla hacia el parlamentarismo burgués.

Pero también nosotros teníamos interés en utilizar la legalidad en cuestión. Al final de la Conferencia Democrática arrancamos a los conciliadores su consentimiento para la convocatoria del II Congreso de los Sóviets. Este Congreso les puso en un apuro extremo porque no podían oponerse a su convocatoria sin romper con la tan invocada legalidad. Por otra parte, se daban cuenta perfectamente de que, en virtud de su composición, nada bueno les auguraba. Así pues, apelábamos con mayor insistencia a él como dueño de los destinos del país, y en toda nuestra propaganda invitábamos a apoyarlo y protegerlo contra los ataques inevitables de la contrarrevolución. Si los conciliadores nos atraparon en el terreno de la legalidad soviética con el Preparlamento procedente de los sóviets, nosotros, a su vez, los atrapamos en el mismo terreno por medio del II Congreso de los Sóviets. Organizar una insurrección armada con la consigna de la conquista del poder por el partido era una cosa, pero prepararla, y luego realizarla, invocando la necesidad de defender los derechos del Congreso de los Sóviets era otra.

De suerte que, al querer que coincidiera la toma del poder con el II Congreso de los Sóviets, ni por asomo abrigábamos la cándida esperanza de que ese Congreso pudiese resolver por sí mismo aquella cuestión. Éramos ajenos totalmente al fetichismo de la forma soviética. Para apoderarnos del poder, acometíamos activamente los preparativos en el terreno político, organizativo y militar. Pero encubríamos legalmente nuestra táctica al remitirnos al próximo Congreso, que debía decidir la cuestión.

Mientras emprendíamos la ofensiva en toda línea, simulábamos defendernos. Por el contrario, si el Gobierno Provisional hubiera querido defenderse en serio habría tenido que prohibir la convocatoria del II Congreso, suministrándonos entonces un pretexto para la insurrección armada, pretexto que para nosotros era más favorable. No solo colocábamos al Gobierno Provisional en una situación política desventajosa, sino que adormecíamos su desconfianza.

Los ministros creían seriamente que por nuestra parte se trataba del parlamentarismo soviético, de un nuevo congreso donde se adoptaría una nueva resolución acerca del poder, similar a las resoluciones de los sóviets de Petrogrado y Moscú, después de lo cual, remitiéndose al Preparlamento y a la próxima Asamblea Constituyente, nos dejarían en ridículo. Tal era el pensamiento de los pequeños burgueses más razonables, y de ello tenemos una prueba incontestable en el testimonio de Kérenski.

En sus memorias revive la virulenta discusión que, en la noche del 24 al 25 de octubre, tuvo con Dan y otros respecto a la insurrección que estaba ya en marcha:

> Primero me dijo Dan que ellos estaban mucho mejor informados que yo, que exageraba los acontecimientos bajo la influencia de las comunicaciones de mi «Estado Mayor reaccionario». Luego me aseguró que la resolución de la mayoría del Sóviet, resolución desagradable «para el amor propio del Gobierno», contribuiría indiscutiblemente a un cambio favorable del estado de ánimo de las masas; que ya se dejaba sentir su efecto, y que ahora «disminuirá con rapidez» la influencia de la propaganda bolchevique.
>
> Por otra parte, según él, los bolcheviques, en sus negociaciones con los líderes de la mayoría soviética, se habían declarado dispuestos a «someterse a la voluntad de la mayoría de los sóviets» y a tomar «desde mañana» todas las medidas para sofocar la insurrección, que «ha estallado contra su deseo, sin su sanción». Concluyó Dan insistiendo en que «desde mañana» (¡siempre mañana!) los bolcheviques disolverían su Estado Mayor militar, y me declaró que todas las precauciones adoptadas por mí solo servían para «exasperar» a las masas, porque, con mi «intromisión»,

no hacía más que impedir a los representantes de la mayoría de los sóviets triunfar en sus negociaciones con los bolcheviques sobre la liquidación de la insurrección.

Pues bien; en el momento de hacerme Dan esta notable comunicación, los destacamentos armados de la «guardia roja» ocupaban uno tras otro los edificios gubernamentales. Y casi en el mismo momento en el que salieron del Palacio de Invierno Dan y sus compañeros, fue detenido en la Millionnaya el ministro de Cultos, Kartachev, que regresaba de la sesión del Gobierno Provisional, y conducido al Instituto Smolny, adonde había vuelto Dan para proseguir sus entrevistas con los bolcheviques. Hay que reconocer que estos obraron entonces con una gran energía y una habilidad consumada. Mientras la insurrección estaba en su apogeo y por toda la ciudad operaban las «tropas rojas», algunos líderes bolcheviques, especialmente afectos a esta tarea, se esforzaban, no sin éxito, en engañar a los representantes de la «democracia revolucionaria». Astutamente, se pasaron toda la noche discutiendo sin tregua las diferentes fórmulas que, a su parecer, debían servir de base para una reconciliación y para liquidar la insurrección. Con este método de las «negociaciones», los bolcheviques ganaron un tiempo extremadamente precioso para su causa. Y no se movilizaron a tiempo las fuerzas de combate de los eseristas y de los mencheviques, que es de lo que se trataba.[39]

En efecto, de esto es de lo que se trataba. Conforme se ve, los conciliadores se dejaron coger por completo en la celada de la legalidad soviética. Sin embargo, es falsa la afirmación de Kérenski según la cual unos bolcheviques especialmente encargados de esta misión inducían a error a mencheviques y eseristas respecto a la liquidación próxima de la insurrección. En realidad, tomaron parte en las

---

39 *Desde lejos*, A. Kérenski.

negociaciones aquellos bolcheviques que de veras querían liquidar la insurrección y constituir un gobierno socialista a través de un acuerdo entre los partidos. Objetivamente, esos parlamentarios prestaron a la insurrección un buen servicio alimentando con sus ilusiones las del enemigo. No obstante, pudieron prestar este servicio a la revolución solo porque el partido, a despecho de sus consejos y advertencias, efectuaba y remataba la insurrección con energía infatigable.

Para el éxito de esta amplia maniobra envolvente se requería un concurso excepcional de circunstancias grandes y pequeñas. Ante todo, hacía falta un ejército que no quisiera ya batirse. Muy diferente hubiera sido el desarrollo total de la revolución, particularmente en el primer periodo, si no hubiéramos tenido, al llegar el momento oportuno, un ejército campesino de varios millones de hombres vencido y descontento. Solo en estas condiciones era posible realizar de modo satisfactorio la experiencia con la guarnición de Petrogrado que predeterminó la victoria de Octubre. No convendría elevar a categoría de ley tal combinación especial de una insurrección tranquila, casi inadvertida, en defensa de la legalidad soviética contra los kornilovianos. Por el contrario, puede afirmarse con certeza que nunca se repetirá semejante experiencia en ninguna parte bajo la misma forma. Pero procede estudiarla con cuidado porque su estudio ensanchará el horizonte de cada revolucionario, desvelándole la diversidad de métodos y medios susceptibles de ponerse en práctica, a condición de asignarse un objetivo claro, de tener una idea precisa de la situación y el propósito de llevar la lucha hasta el final.

En Moscú la insurrección se prolongó mucho más y causó más víctimas. Lo explica, hasta cierto punto, el hecho de que la guarnición de la ciudad no hubiera sufrido una preparación revolucionaria, como la guarnición de Petrogrado, con el envío de batallones al frente. En Petrogrado, repetimos, se efectuó la insurrección armada dos veces: la primera quincena de octubre, cuando los regimientos se negaron a cumplir la orden del comandante en jefe, sometiéndose a la decisión del Sóviet, que respondía por completo a su estado de ánimo; y el 25 de octubre, cuando ya no se requería más que una pequeña insurrección complementaria para abatir al Gobierno de Febrero.

En Moscú se hizo de una sola vez. He aquí, seguramente, la razón principal de que se dilatara. Pero había otra: cierta irresolución por parte de la dirección. En varias ocasiones se pasó de las operaciones militares a las negociaciones, para volver luego a la lucha armada. Si por lo general en política resultan perjudiciales los titubeos de la dirección, titubeos que las tropas sienten muy profundamente, durante una insurrección se tornan un peligro mortal. La clase dominante ha perdido ya confianza en sus propias fuerzas, pero aún tiene el aparato gubernamental en sus manos. La clase revolucionaria ha de apoderarse del aparato estatal, pero para eso ha de confiar en sus propias fuerzas. Desde el momento en que el partido empuja a los trabajadores por la vía de la insurrección, debe extraer todas las consecuencias necesarias de su acto. *A la guerre comme à la guerre* (A la guerra como en la guerra). Bajo condiciones de guerra, las vacilaciones y las demoras pueden tolerarse menos que nunca. Todos los plazos son cortos. Al perder tiempo, aunque no sea más que unas horas, se devuelve a las clases dirigentes algo de confianza en sí mismas y se quita a los insurrectos una porción de su seguridad. Esta confianza, esta seguridad, determina la correlación de fuerzas que decide el resultado de la insurrección. Bajo tal aspecto conviene estudiar paso a paso la marcha de las operaciones militares en Moscú, según se combinaban con la dirección política.

De la máxima importancia sería también señalar algunos puntos en que la guerra civil se desarrolló en condiciones especiales: por ejemplo, cuando se complicaba con la cuestión nacional. La naturaleza de un estudio así, basado en un examen minucioso de los hechos, enriquecería de manera considerable nuestro concepto del mecanismo de la guerra civil y, por ende, facilitaría la elaboración de ciertos métodos, reglas y procedimientos con un carácter lo suficientemente general como para que pudieran ser incluidos en una especie de manual de la guerra civil.

El resultado de la Revolución en provincias estuvo predeterminado en una buena medida por su resultado en Petrogrado, aunque se dilatara en Moscú. La Revolución de Febrero perjudicó notablemente al antiguo aparato estatal, y el Gobierno Provisional, que lo heredó, fue incapaz de renovarlo y consolidarlo. Así pues, entre febrero y octubre solo funcionó por inercia burocrática. Las provincias estaban habituadas a seguir a Petrogrado: lo habían hecho en febrero y de nuevo lo hicieron en octubre. Nuestra mayor ventaja era que preparábamos el derrocamiento de un régimen que aún no había tenido tiempo de formarse. La extrema inestabilidad y la falta de confianza en sí mismo del aparato estatal de Febrero facilitaron de modo singular nuestra tarea, manteniendo la firmeza de las masas revolucionarias y del propio partido.

En Alemania y Austria hubo una situación análoga después del 9 de noviembre de 1918. Pero allí la socialdemocracia selló las brechas del aparato estatal y contribuyó al establecimiento del régimen burgués republicano que, aunque ni ahora puede considerarse un modelo de estabilidad, ya va para siete años a pesar de todo. Por lo que atañe a los demás países capitalistas, no tendrán esta ventaja, es decir, esta proximidad entre la revolución burguesa y la revolución proletaria. Hace mucho tiempo que llevaron a cabo su Revolución de Febrero. Claro que en Inglaterra todavía quedan bastantes reminiscencias feudales, pero no hay probabilidades de una revolución burguesa allí. En cuanto el proletariado inglés tome el poder, del primer escobazo limpiará al país de monarquía, aristócratas, etc. La revolución proletaria en Occidente tendrá que vérselas con un Estado burgués enteramente formado, si bien esto no significa que sea estable, porque la posibilidad misma de la insurrección proletaria presupone una descomposición bastante importante del Estado capitalista. Si para nosotros la Revolución de Octubre fue una lucha contra un aparato estatal que aún no había tenido tiempo de formarse desde Febrero, en otros países la insurrección tendrá contra ella un aparato estatal en trance de dislocarse progresivamente.

Por regla general, como hemos dicho en el IV Congreso de la Internacional Comunista, hay muchas razones para que en Europa central y occidental al proletariado le cueste más tomar el poder. Cabe suponer que la resistencia de la burguesía sea mucho más fuerte que la que nosotros nos encontramos. Pero una vez que el proletariado obtenga la victoria y se haga con el poder, tendrá las manos mucho más libres que nosotros, la situación será mucho más firme, mucho más estable que la nuestra. La guerra civil no se desarrolló de veras hasta después de la toma del poder por el proletariado en los principales centros urbanos e industriales, y duró los tres primeros años de existencia del poder soviético.

Evidentemente, estas conjeturas tienen forzosamente un carácter condicional. El desenlace de los acontecimientos dependerá en gran medida del orden en que se produzca la revolución en los diferentes países de Europa, de las posibilidades de intervención militar, de la fuerza económica y militar de la Unión Soviética en ese momento. De cualquier modo, la eventualidad muy verosímil de que en Europa y América la conquista del poder tropiece con una resistencia mucho más seria, mucho más encarnizada y reflexiva de las clases dominantes que la que nos opusieron a nosotros, nos obliga a considerar la insurrección armada y la guerra civil en general como un arte.

Nuevamente sobre los sóviets y el partido en la revolución proletaria

En nuestro país, tanto en 1905 como en 1917, los sóviets de diputados obreros surgieron del propio movimiento, como su forma de organización natural en un cierto estadio de la lucha. Pero los jóvenes partidos europeos que han aceptado más o menos los sóviets como *doctrina,* como *principio,* estarán siempre expuestos al peligro de hacer un fetiche de los mismos, en el sentido de factores autónomos de la revolución. Porque, a pesar de la inmensa ventaja que ofrecen como organismos de la lucha por el poder, es perfectamente posible que la insurrección se desarrolle en otra forma orgánica (comités de fábrica, sindicatos) y que los sóviets como órgano del poder no surjan hasta el momento de la insurrección o incluso después de la victoria.

Desde este punto de vista, resulta muy instructiva la lucha que emprendió Lenin contra el fetichismo sovietista después de las Jornadas de Julio. Dado que en julio los sóviets, dirigidos por eseristas y mencheviques, se convirtieron en organismos que impulsaban francamente a los soldados a la ofensiva y perseguían a los bolcheviques, se podía y debía buscar otros caminos para el movimiento revolucionario de las masas obreras. Lenin señalaba los comités de fábrica como organismos de la lucha por el poder (ver, por ejemplo, las memorias de Ordzhonikidze). Es muy probable que el movimiento hubiera tomado esta forma de no ser por la sublevación de Kornílov, que obligó a los sóviets conciliadores a defenderse y permitió a los bolcheviques insuflarles de nuevo el espíritu revolucionario, ligándolos estrechamente a las masas por medio de su izquierda, o sea, del bolchevismo.

Tal cuestión tiene una gran importancia internacional, según ha demostrado la reciente experiencia de Alemania. En este país se crearon varias veces sóviets como órganos de la insurrección, del poder... sin poder. En 1923 el movimiento de las masas proletarias y semiproletarias comenzó a agruparse alrededor de los comités de fábrica, que en el fondo cumplían las mismas funciones que nuestros sóviets en el periodo anterior a la lucha directa por el poder. Sin embargo, en agosto y septiembre, algunos compañeros propusieron proceder inmediatamente a la creación de sóviets en Alemania. Tras largos y ardientes debates la propuesta fue rechazada, y con razón. Como los comités de fábrica ya se habían convertido en puntos efectivos de concentración de las masas revolucionarias, los sóviets habrían desempeñado en el periodo preparatorio un papel paralelo al de estos comités y no serían sino una forma sin contenido. Así pues, no habrían hecho más que desviar la atención de las tareas materiales de la insurrección (ejército, policía, ferrocarriles, etc.) para volver a fijarlo en una forma de organización autónoma.

Por otra parte, la creación de sóviets como tales antes de la insurrección implicaría una especie de proclamación de guerra sin efecto. El Gobierno, que estaba obligado a tolerar los comités de fábrica porque agrupaban masas considerables, se ensañaría contra los primeros sóviets por ser órganos que abiertamente intentarían apoderarse del poder. Los comunistas se habrían visto obligados a defenderlos. Entonces la lucha decisiva no tendría por móvil la conquista o la defensa de posiciones materiales, ni se desarrollaría en el momento escogido por nosotros, cuando la insurrección se desprendiera necesariamente del movimiento de las masas, sino que estallaría, a causa de una forma organizativa, a causa de los sóviets, en el momento escogido por el enemigo.

Ahora bien, es evidente que todo el trabajo preparatorio de la insurrección podía subordinarse con pleno éxito a la forma organizativa de los comités de fábrica, que ya habían tenido tiempo de convertirse en organismos de masas, que continuaban aumentando y fortaleciéndose a la vez que dejaban al partido en libertad para fijar la fecha de la insurrección. No cabe duda de que los sóviets deberían surgir en cierta etapa; pero sí es dudoso que, dadas las condiciones que acabamos de indicar, hubieran surgido en el fragor de la lucha como órganos directos de la insurrección, pues de ahí se podría derivar en el momento crítico una doble dirección revolucionaria. Dice un proverbio inglés que no conviene cambiar de caballo cuando se cruza un río. Es posible que después de la victoria en las principales ciudades hubieran empezado a aparecer sóviets. De cualquier modo, la insurrección victoriosa provocaría necesariamente su creación como órganos del poder. Conviene no olvidar que entre nosotros ya habían surgido durante la etapa *democrática* de la revolución, que entonces habían sido legalizados hasta cierto punto, que los habíamos heredado luego nosotros, y que los habíamos utilizado.

No ocurrirá lo mismo en las revoluciones proletarias de Occidente. Allí, en la mayoría de los casos, se crearán sóviets a instancia de los comunistas, y por consiguiente serán órganos directos de la insurrección proletaria. Claro que es posible que se acentúe la desorganización del aparato estatal burgués antes de que el proletariado pueda apoderarse del poder, lo cual permitiría crear sóviets como órganos declarados de preparación de la insurrección. Pero hay pocas posibilidades de que esta eventualidad constituya la regla general. En el caso más frecuente, no se llegará a crearlos sino en los últimos días, como órganos directos de las masas decididas a sublevarse. Asimismo es muy posible que surjan después del momento crítico de la insurrección e incluso después de su victoria, como órganos del nuevo poder. Importa tener siempre presente todas estas eventualidades, para no caer en el fetichismo organizativo ni transformar los sóviets, de forma flexible y vital de lucha, en *principio* de organización introducido desde fuera en el movimiento y entorpeciendo su desarrollo regular.

Hace poco se ha escrito en nuestra prensa que no sabíamos por qué puerta entraría la revolución proletaria en Inglaterra, si por el partido comunista o por los sindicatos, considerando imposible decidirlo. Esta manera de plantear la cuestión, con miras de envergadura histórica, es radicalmente falsa y muy peligrosa, porque enturbia la principal lección de los últimos años. Si no ha existido allí una revolución victoriosa al final de la guerra es porque faltaba un partido, evidencia que se aplica a Europa entera. Podría comprobarse su justeza siguiendo paso a paso el movimiento revolucionario en diferentes países.

Por lo que atañe a Alemania, si las masas hubieran estado dirigidas por el partido de forma conveniente, claro está que habría podido triunfar la revolución en 1918 y en 1919. El ejemplo de Finlandia en 1917 nos mostró cómo se desarrollaba allí el movimiento revolucionario en condiciones excepcionalmente favorables, con la ayuda militar directa de la Rusia revolucionaria. Pero la mayoría dirigente del partido finés era socialdemócrata, e hizo fracasar la revolución. De la misma forma, de la experiencia de Hungría se desprende claramente una lección idéntica. En este país, los comunistas, aliados con los socialdemócratas de izquierda, no conquistaron el poder, sino que lo recibieron de manos de una burguesía espantada. Victoriosa sin batalla y sin victoria, la revolución húngara se encontró privada de una dirección combativa. El partido comunista se fusionó con el socialdemócrata, demostrando así que no era realmente comunista y que, por tanto, a pesar de la combatividad de la clase obrera húngara, era incapaz de conservar el poder que tan fácilmente había obtenido. La revolución proletaria no puede triunfar sin el partido, fuera del partido o con un sucedáneo del partido. Tal es la principal enseñanza de los diez últimos años.

Los sindicatos ingleses pueden, en verdad, convertirse en una palanca poderosa de la revolución proletaria y, por ejemplo, en ciertas condiciones y durante cierto periodo, suplir a los propios sóviets obreros. Pero no lo conseguirán sin el apoyo de un partido comunista, ni mucho menos contra él, y estarán imposibilitados de desempeñar esta misión hasta que en su seno la influencia comunista sea mayoritaria. Harto cara, por no aprenderla íntegramente, hemos pagado la lección acerca del papel y la importancia del partido en la revolución proletaria, como para ignorarla o menospreciar su significado.

En las revoluciones burguesas la conciencia, la preparación y el método jugaron un papel mucho menor que el que están llamados a desempeñar y desempeñan ya en las revoluciones del proletariado. La fuerza motriz de la revolución burguesa eran también las masas, pero mucho menos conscientes y organizadas que ahora. Su dirección estaba en manos de las diferentes facciones de la burguesía, que disponía de la riqueza, la educación y la organización (municipios, universidades, prensa, etc.). La monarquía burocrática se defendía empíricamente, obraba al azar. La burguesía elegía el momento propicio para echar todo su peso social en el platillo de la balanza y apoderarse del poder, explotando el movimiento de las masas populares.

Pero en la revolución socialista el proletariado no solo es la principal fuerza combativa, sino también la fuerza dirigente, a través de su vanguardia. Su partido es el único que puede desempeñar en la revolución socialista el papel que en la revolución burguesa desempeñaron la potencia de la burguesía, su instrucción, sus municipios y universidades. Este papel resulta tanto más importante en la medida en que se ha acrecentado de manera formidable la conciencia de clase del enemigo. A lo largo de los siglos de su dominación, la burguesía ha elaborado una escuela política incomparablemente superior a la de la antigua monarquía burocrática. Si el parlamentarismo ha sido para el proletariado, hasta cierto punto, una escuela preparatoria de la revolución, más aún ha sido para la burguesía una escuela de estrategia contrarrevolucionaria. Basta para demostrarlo el hecho de que con el parlamentarismo la burguesía ha educado a la socialdemocracia, que ahora es el más poderoso baluarte de la propiedad privada. Como han enseñado las primeras experiencias, la época de la revolución social en Europa será una época de batallas implacables, mucho más que las nuestras en 1917.

He aquí el motivo de que debamos abordar de manera completamente distinta a como se hace ahora las cuestiones de la guerra civil y, en particular, de la insurrección. A la zaga de Lenin, repetimos con frecuencia las palabras de Marx: «La insurrección es un arte». Pero este pensamiento es una frase hueca si no estudiamos los elementos esenciales del arte de la guerra civil a través de la vasta experiencia acumulada durante estos años. Hay que confesar a las claras que nuestra indiferencia por los problemas relativos a la insurrección armada testimonia la fuerza considerable que todavía conserva entre nosotros la tradición socialdemócrata. Fracasará inevitablemente el partido que considere de modo superficial las cuestiones de la guerra civil, con la esperanza de que se arreglará todo por sí solo en el momento necesario. Se impone estudiar colectivamente y asimilar la experiencia de las batallas proletarias de 1917.

La ya esbozada historia de los agrupamientos políticos en el partido en 1917 representa asimismo una parte esencial de la experiencia de la guerra civil y tiene una importancia directa para la política de la Internacional Comunista. Hemos dicho, y lo repetimos, que en ningún caso el estudio de nuestras divergencias puede ni debe ser considerado un arma dirigida contra los compañeros que entonces practicaron una política errónea. Pero, por otra parte, sería inadmisible tachar de la historia del partido su capítulo más importante, únicamente porque no todos sus componentes marchaban de acuerdo con la revolución del proletariado. El partido puede y debe conocer *todo* su pasado, para apreciarlo como convenga y puntualizar cada extremo. La tradición de un partido revolucionario no se compone de reticencias, sino de claridad crítica. Al nuestro, la historia le confirió incomparables ventajas revolucionarias. He aquí, en conjunto, lo que le ha dado un temple excepcional, una clarividencia superior, una envergadura revolucionaria: sus tradiciones de lucha heroica contra el zarismo; sus hábitos y procedimientos revolucionarios, ligados a las condiciones de la actividad clandestina; su elaboración teórica de la experiencia revolucionaria de toda la humanidad; su pugna con el menchevismo, con los *narodniki*, con el conciliacionismo; la experiencia de la revolución de 1905; su elaboración teórica de esta experiencia durante los años de la contrarrevolución; su examen de los problemas del movimiento obrero internacional desde el punto de vista de las lecciones de 1905. Y, sin embargo, incluso dentro de este partido tan bien preparado, o mejor dicho, en sus esferas dirigentes, al llegar el momento de la verdad, se formó un grupo de viejos bolcheviques, revolucionarios expertos, que se opuso a la revolución proletaria y que, durante el periodo más crítico de la revolución —de febrero de 1917 a febrero de 1918— adoptó en todas las cuestiones esenciales una postura socialdemócrata.

Para preservar de las consecuencias funestas de este estado de cosas al partido y a la revolución, se requirió la influencia excepcional de Lenin. Esto no puede olvidarse si queremos que aprendan algo de nuestra escuela los partidos comunistas de los demás países. La cuestión de la selección de los dirigentes reviste una importancia excepcional para los partidos de Europa occidental. Así lo enseña, entre otras, la experiencia del fracaso de octubre de 1923 en Alemania. Pero ha de efectuarse tal selección con arreglo al principio de la acción revolucionaria.

En Alemania hemos tenido bastantes ocasiones de experimentar la valía de los dirigentes del partido en el momento de las luchas directas. Sin esta prueba, no hay elementos de juicio seguros. Durante el transcurso de estos últimos años, Francia ha vivido muchas menos convulsiones revolucionarias. Sin embargo ha habido algunas ligeras explosiones de guerra civil, en las que la dirección del partido y los dirigentes sindicales debían reaccionar ante cuestiones urgentes e importantes, como el mitin sangriento del 11 de enero de 1924. El estudio atento de episodios de este género nos suministra datos inestimables que permiten apreciar las buenas cualidades de la dirección del partido, la conducta de sus dirigentes y de sus diferentes órganos. Irremisiblemente llevaría a la derrota no tener en cuenta estos datos a la hora de seleccionar a los hombres, porque es imposible la victoria de la revolución proletaria sin una dirección perspicaz, resuelta y valerosa.

Todo partido, incluso el más revolucionario, genera inevitablemente un conservadurismo orgánico. De no hacerlo, carecería de la estabilidad necesaria. Pero a este respecto todo es cuestión de grados. En un partido revolucionario debe combinarse la dosis necesaria de conservadurismo con la ausencia total de rutina, la flexibilidad de orientación y la audacia en la acción. Se comprueban mejor tales cualidades en los virajes históricos. Anteriormente, hemos comprobado cómo Lenin afirmaba que, cuando sobrevenía un cambio brusco en la situación —y por tanto en las tareas—, los partidos, incluso los más revolucionarios, continuaban a menudo manteniendo su postura anterior, y de ahí el riesgo de que se volvieran, o amenazaran con volverse, un freno para el desarrollo revolucionario. El conservadurismo del partido, igual que su iniciativa revolucionaria, encuentra su expresión más concentrada en los órganos dirigentes. Pues bien, los partidos comunistas europeos todavía tienen que efectuar su giro más brusco, aquel por el cual pasarán del trabajo preparatorio a la toma del poder. Tal giro es el que exige más cualidades, impone más responsabilidades y resulta más peligroso. Desperdiciar el momento oportuno implica para el partido el mayor desastre que pueda sufrir.

La experiencia de las batallas de los últimos años en Europa, y principalmente en Alemania, nos enseña que hay dos categorías de dirigentes propensos a hacer retroceder al partido en el momento en que le conviene dar el mayor salto adelante. Los unos tienden a ver más que nada las dificultades, los obstáculos, y a apreciar cada situación con la idea preconcebida, inconsciente a veces, de esquivar la acción. En ellos, el marxismo se vuelve un método que sirve para establecer la imposibilidad de la acción revolucionaria. Los ejemplares más característicos de este tipo de dirigentes eran los mencheviques rusos. Pero no se limita este tipo al menchevismo y, en el momento más crítico, se revela dentro del partido más revolucionario, entre los militantes que ocupan los más altos cargos. Los representantes de la otra categoría son agitadores superficiales. No ven los obstáculos mientras no tropiezan con ellos de frente. Cuando llega el momento de la acción decisiva, transforman inevitablemente en impotencia y pesimismo su costumbre de eludir las dificultades reales haciendo juegos malabares de palabras.

Para el primer tipo, para el revolucionario mezquino que se contenta con ínfimas ganancias, las dificultades de la conquista del poder no constituyen sino la acumulación y la multiplicación de todas las que está habituado a hallar en su camino. Para el segundo tipo, para el optimista superficial, siempre surgen repentinas dificultades de la acción revolucionaria. En el periodo preparatorio estos dos hombres observan conductas diferentes: el uno parece un escéptico con quien es imposible contar firmemente desde el punto de vista revolucionario; por el contrario, el otro puede parecer un revolucionario ardoroso. Pero en el momento decisivo ambos van juntos de la mano para erguirse contra la insurrección. Sin embargo, todo el trabajo preparatorio solo tiene valor en la medida en que capacita al partido y sobre todo a sus órganos dirigentes para determinar el momento de la insurrección y dirigirla. Porque la tarea del partido comunista consiste en la toma del poder con objeto de proceder a la reconstrucción de la sociedad.

En estos tiempos se ha hablado y escrito con frecuencia respecto a la necesidad de «bolchevizar» la Internacional Comunista. Se trata, en efecto, de una tarea urgente, indispensable, cuya proclamada necesidad se hace sentir todavía de modo más imperioso después de las terribles lecciones que el año pasado nos dio en Bulgaria y Alemania. El bolchevismo no es una doctrina, o no es solo una doctrina, sino que es un método de educación revolucionaria para llevar a cabo la revolución proletaria. ¿Qué significa bolchevizar los partidos comunistas? Significa educarlos y seleccionar en su seno un equipo dirigente, de modo que no flaqueen al llegar el momento de su Revolución de Octubre. «Esto es todo Hegel, la sabiduría de los libros y el significado de toda filosofía...».

Dos palabras acerca
de este ensayo

La primera fase de la revolución *democrática* abarca desde febrero a la crisis de abril y su solución, el 6 de mayo, con la creación de un Gobierno de coalición en el cual participaban los mencheviques y los *narodniki*. El autor de la presente obra no tomó parte en los acontecimientos de esta primera fase porque no llegó a Petrogrado hasta el 5 de mayo, víspera de la constitución del Gobierno de coalición. En los artículos escritos desde Norteamérica se arroja luz sobre la revolución y sus perspectivas. Creo que, en lo esencial, concuerdan con el análisis que hizo Lenin en sus *Cartas desde lejos*.

Desde el día de mi llegada a Petrogrado, trabajé de completo acuerdo con el Comité Central de los bolcheviques. Huelga añadir que apoyé de lleno la teoría de Lenin sobre la conquista del poder por el proletariado. En lo que concierne a los campesinos, no me separó la menor disensión de él, quien terminaba entonces la primera etapa de su lucha contra los bolcheviques de derecha, que defendían la consigna de la «dictadura democrática del proletariado y del campesinado». Hasta mi adhesión formal al partido, tomé parte en la elaboración de una serie de decisiones y documentos del mismo. El único motivo que me indujo a retrasar mi adhesión tres meses fue el deseo de acelerar la fusión de los bolcheviques con los mejores elementos de la organización Interdistritos,[40] y en general, con los internacionalistas revolucionarios. Realicé esta táctica con entero asentimiento de Lenin.

Al redactar esta obra me ha saltado a la vista cierta frase de un artículo mío de entonces en favor de la unificación, frase con la cual señalaba, en materia organizativa, «el estrecho espíritu de círculo» de los bolcheviques. Claro que algunos pensadores tan profundos como Sorin no dejarán de relacionar directamente esta frase con las divergencias acerca del artículo primero de los estatutos. No siento la necesidad de entablar una discusión sobre el particular ahora que de palabra y de hecho he reconocido mis magnas culpas en materia organizativa. Pero el lector menos prevenido se explicará de manera mucho más sencilla y directa, por las condiciones concretas del momento, lo que la expresión tenga de precipitada.

Todavía conservaban los obreros de la organización Interdistritos una desconfianza muy grande respecto a la política organizativa del Comité de Petrogrado.[41] En mi artículo expliqué lo siguiente: «Aún existe el espíritu de círculo, herencia del pasado; pero, para que disminuya, deben los del Interdistritos dejar de llevar una existencia aislada, aparte».

Mi *propuesta* al I Congreso de los Sóviets, puramente polémica, de formar un Gobierno con una docena de Piechekonov, fue interpretada —creo que por Sujánov— como exteriorización de una inclinación personal, y al

---

40 En 1910, la Organización Interdistritos de Socialdemócratas Unidos agrupaba a unos 4.000 miembros en Petrogrado y a 1.000 en las organizaciones militares. Entre sus más destacados representantes figuraban, junto a Trotsky, hombres como Lunacharski, Volodarski, Uritski, Ioffe, Manuilski, Karaján, Riazánov, Pokrovski y Uren. Publicaban un órgano ilegal: *Vpériod* (Adelante). La fusión con los bolcheviques se produjo en el VI Congreso de estos, celebrado del 8 al 16 de agosto de 1917. Sverdlov informó de que Trotsky ya había sido incorporado al comité de redacción de *Pravda,* pero que no actuaba como tal miembro por su encarcelamiento.
41 Se refiere al Comité de Petrogrado del Partido Bolchevique.

mismo tiempo, como una táctica distinta de la de Lenin. Eso es absurdo, sin duda.

Al exigir nuestro partido que los sóviets dirigidos por los mencheviques y los eseristas tomaran el poder, *exigía* con ello un gobierno compuesto de individuos como Piechekonov. En resumen, no había ninguna diferencia fundamental entre Piechekonov, Chernov y Dan; todos podían servir por igual para facilitar la transmisión del poder de la burguesía al proletariado. Quizá aquel conociera un poco mejor la estadística y diese la impresión de ser un hombre algo más práctico que Tsereteli o Chernov. Una docena de Piechekonov equivalía a un Gobierno compuesto de representantes ordinarios de la pequeña burguesía democrática en vez del Gobierno de coalición.

Cuando las masas de Petrogrado, dirigidas por nuestro partido, adoptaron la consigna «¡Abajo los diez ministros capitalistas!», exigían de modo tácito que ocupasen el lugar de estos los mencheviques y los *narodniki*. «Echad a los *kadetes* y tomad el poder, señores demócratas; poned en el Gobierno a doce Piechekonov, y os prometemos desalojaros de vuestros puestos lo más *pacíficamente* posible en cuanto suene la hora. Y no ha de tardar en sonar». No cabe hablar entonces de una línea política especial. Mi línea política era la formulada por Lenin en tantas ocasiones.

Considero necesario subrayar la advertencia hecha por el camarada Lentsner, editor de este volumen. Como él mismo señala, la mayoría de los discursos contenidos en este volumen no fueron tomados de versiones taquigráficas, sino de informes suministrados por periodistas de la prensa conciliadora, medio ignorantes y medio maliciosos. Un rápido examen de varios documentos de esta clase me hicieron rechazar la decisión de corregirlos y complementarlos. Que permanezcan tal cual están. Son también, a su manera, documentos de la época, aunque emanados *de la otra parte*.

Este volumen no hubiera aparecido sin la competente y cuidadosa labor del camarada Lentsner —que recopiló también las notas— y de sus colaboradores, camaradas Heller, Krijanovsky, Rovensky e I. Rumer.

Aprovecho la oportunidad para expresarles mi gratitud. Como así también para destacar el enorme trabajo de preparación de este volumen, así como de otros libros, realizados por mi más estrecho colaborador, M. S. Glazman. Termino estas líneas con el más profundo sentimiento de pesar ante la trágica desaparición de este magnífico camarada, hombre y trabajador.

Kislovodsk,
15 de septiembre de 1924

Galería fotográfica

Trotsky en enero de 1924

Llegada a Petrogrado
el 4 de mayo de 1917

Trotski se dirige a las tropas frente al teatro Bolshoi el 5 de mayo de 1920. A la izquierda aparecen Lenin y Kámenev

La delegación soviética en Brest-Litovsk en enero de 1918. Sentados: Kámenev, Ioffe y Bitsenko; de pie: Lipski, Stučka, Trotsky y Karaján

Presídium del II Congreso de los Sóviets de la Región Norte.
Sentados: Uritsky, Trotsky, Sverdlov, Zinóviev , Lashevich;
de pie: Kharitonov, Lisovsky, Korsak, Zarin, Voskov,
Gúsev, Ravich, Bakayev y Kuzmin. Agosto de 1918

Con la guardia roja del II Congreso de los Sóviets,
en el Palacio de Táurida

Celebración del segundo aniversario de la Revolución de Octubre.
Plaza Roja de Moscú, 7 de noviembre de 1919

Lenin y Trotsky, el centro, con los delegados al X Congreso del PCR(b), en marzo de 1921

En la Plaza Roja de Moscú en 1918

Dirigentes de la Oposición de Izquierda en 1927.
Sentados: Serébriakov, Rádek, Trotsky, Boguslavski, Preobrazhenski;
de pie: Rakovski, Drobnis, Beloboródov, Sosnovsky

COLECCIÓN **MEMORIA HISTÓRICA**

240 págs. • 15 €

200 págs. • 15 €

688 págs. • 20 €

COLECCIÓN **CLÁSICOS DEL MARXISMO**

336 págs. • 20 €

450 págs. • 20 €

3 volúmenes • 60 €

¡Colabora con la Fundación Federico Engels!

COLECCIÓN **FEMINISMO REVOLUCIONARIO**

200 págs. ● 15 €

204 págs. ● 15 €

120 págs. ● 12 €

COLECCIÓN **CLÁSICOS DEL MARXISMO**

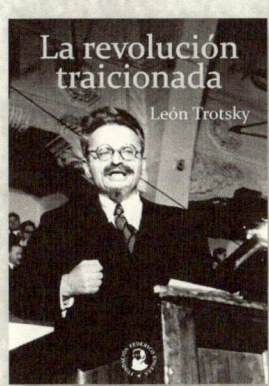

358 págs. ● 20 €

288 págs. ● 18 €

392 págs. ● 20 €

¡Apoya las ideas del marxismo!

espaciorosaluxemburgo.net

Después de un año de trabajo militante en el barrio de Carabanchel en Madrid, el Espacio Rosa Luxemburgo es una realidad. ¡Más de 250 metros cuadrados, un salón de actos para doscientas personas y una maravillosa librería en la que encontrarás todos los clásicos del marxismo!

Este proyecto es fruto de la colaboración entre Izquierda Revolucionaria, el Sindicato de Estudiantes, Libres y Combativas y la Fundación Federico Engels para poner a disposición de las luchas obreras, del feminismo revolucionario, de los movimientos sociales y colectivos antifascistas, y de la izquierda que no se vende, un espacio de encuentro y debate político, presentaciones de libros, proyecciones, exposiciones, conciertos y todas aquellas acciones que empoderen la teoría y la práctica revolucionaria.

Entra en **espaciorosaluxemburgo.net** para conocer en detalle nuestro programa de actividades. Os esperamos.

COLECCIÓN **FEMINISMO REVOLUCIONARIO**

Alexandra Kollóntái | Escritos sobre feminismo y revolución
Juan Ignacio Ramos | Rosa Luxemburgo. La llama de la revolución
VVAA | Mujeres en revolución
Mª Teresa Gómez Limón | Bendecidos por Franco. Los tribunales de la democracia contra la mujer

COLECCIÓN **CRÍTICA MARXISTA**

Miguel Campos
- Nicaragua en revolución (1979-1990). Un análisis comunista

Víctor Taibo
- El cambio climático y la lucha por el socialismo

Juan Ignacio Ramos
- Bajo la bandera de la rebelión.
  Rosa Luxemburgo y la revolución alemana
- Pirómanos apagando un fuego

Clare Doyle
- Mayo del 68. El mes de la revolución

Pablo Cormenzana
- La batalla de Inveval

VVAA
- En defensa de la Revolución de Octubre
- Sindicato de Estudiantes. 30 años de lucha

COLECCIÓN **LITERATURA DE COMBATE**

Jack London | El Talón de Hierro

Alfred Rosmer | Moscú bajo Lenin

John Reed | Diez días que estremecieron el mundo

Elisabeth K. Poretsky | Los nuestros
Vida y muerte de Ignace Reiss, agente soviético

Larisa Reisner | Hamburgo en las barricadas

Mother Jones | Autobiografía
Una historia de la lucha obrera en los Estados Unidos

Leopold Trepper | El Gran Juego
Memorias del espía al que Hitler no pudo silenciar

COLECCIÓN **MEMORIA OBRERA**

Enrique Alejandre
- La mujer trabajadora en Guadalajara | 1868-1939
- Historia del movimiento obrero en Guadalajara (1854-1939)
- Guadalajara, 1719-1823. Un siglo conflictivo

José Martín | Rebelión obrera en Tejas y Ladrillos

Arturo Val del Olmo | 3 de marzo. Una lucha inacabada

Felipe Palacios | Carrier. Lecciones de una lucha

SINGETRAM | Nueve años en lucha por el
control obrero en la revolución bolivariana

- Terrorismo y comunismo
- Una escuela de estrategia revolucionaria

Rosa Luxemburgo
- Reforma o revolución (castellano / euskara / català)
- Huelga de masas, partido y sindicatos
- La crisis de la socialdemocracia

Rosa Luxemburgo y Karl Liebknecht
- La revolución alemana de 1918-19

Evgueni Preobrazhenski
- Anarquismo y comunismo (castellano / euskara)
- Por una alternativa socialista

Gueorgui Plejánov
- Contra el anarquismo
- La concepción materialista de la historia
- El papel del individuo en la historia / 'Cant' contra Kant

Franz Mehring
- Karl Marx y la Primera Internacional
- Sobre el materialismo histórico

Paul Lafargue
- Escritos

James Connolly
- Las clases trabajadoras en la historia de Irlanda (castellano / euskara)
- Socialisme i qüestió nacional | Escrits (català)

Nadezhda Krúpskaya
- Recuerdo de Lenin

Abraham León
- La concepción materialista de la cuestión judía

David Riazánov
- Marx y Engels. Su obra revolucionaria

Felix Morrow
- Revolución y contrarrevolución en España

Clara Zetkin
- Conversaciones con Lenin

M. Casanova (Mieczyslaw Bortenstein)
- La guerra civil. El Frente Popular contra la Revolución

Grandizo Munis
- Jalones de derrota, promesa de victoria

James P. Cannon
- El socialismo en el banquillo de los acusados

VVAA
- La Internacional Comunista. Tesis, manifiestos y resoluciones de sus cuatro primeros congresos
- El cielo por asalto. La Comuna de París

COLECCIÓN **MEMORIA HISTÓRICA**

- Octubre de 1934. La Comuna obrera de Asturias.
- La batalla por la enseñanza y la cultura durante la Segunda República.
- La lucha por la emancipación de la mujer trabajadora (1931-39).
- La Segunda República y la cuestión nacional.
- Tierra y libertad. Combates por la reforma agraria.
- La cuestión marroquí. El colonialismo español en la guerra y en la revolución.
- Entre el Gobierno y la revolución. La fractura socialista.
- Teoría y práctica del anarcosindicalismo en la revolución española.
- Poder obrero y contrarrevolución (1936-1939).
- El triunfo de la dictadura franquista. En defensa de la Memoria Histórica.
- La Revolución de los Claveles.
- La lucha contra el franquismo en Asturias
- Obreros en armas. República, revolución, antifascismo
- Los últimos zarpazos. Presos políticos en el final del franquismo
- Piotr Kropotkin | Historia de la Revolución francesa
- Los olvidados de la Transición. Testimonios de un periodo sangriento

REVOLUCIÓN SOCIALISTA Y GUERRA CIVIL

I. Las raíces históricas. Revolución socialista y guerra civil
Juan Ignacio Ramos

II. Los años decisivos.
Teoría y práctica del Partido Comunista de España
Juan Ignacio Ramos

III. Balance de una ruptura. Los socialistas en el gobierno, en la guerra y en la revolución
Carlos Ramírez

IV. La revolución inconclusa. El movimiento anarcosindicalista
Víctor Taibo

V. La izquierda comunista. La ICE, el BOC y el POUM
Bárbara Areal

IZQUIERDA REVOLUCIONARIA

IZQUIERDA REVOLUCIONARIA es una organización marxista internacionalista que defiende un programa para la transformación socialista de la sociedad. Desarrollamos nuestra actividad en los movimientos sociales, en los sindicatos de clase, en las luchas obreras, entre la juventud y el movimiento feminista anticapitalista, exponiendo las ideas del socialismo y luchando contra la opresión nacional y de género, contra el fascismo y el racismo. Si quieres unirte a nosotros o conocernos más, envíanos tus datos y nos pondremos en contacto contigo.

izquierdarevolucionaria.net
esquerrarevolucionaria.net
ezkeriraultzailea.net

Portugal: **esquerdarevolucionaria.net**
Alemania: **offensiv-marxisten.blogspot.com**
México: **izquierdarevolucionariamx.net**
Venezuela: **izquierdarevolucionariave.net**